RESEARCH ON THE TRANSFORMATION

我国对外贸易
转型升级研究

宋小娜　孙凯 ◎ 著

AND UPGRADING OF CHINA'S FOREIGN TRADE

企业管理出版社
ENTERPRISE MANAGEMENT PUBLISHING HOUSE

图书在版编目（CIP）数据

我国对外贸易转型升级研究 / 宋小娜，孙凯著.
北京：企业管理出版社，2024.11. -- ISBN 978-7
-5164-3160-3

I. F752

中国国家版本馆 CIP 数据核字第 2024U0M528 号

书　　名：	我国对外贸易转型升级研究
书　　号：	ISBN 978-7-5164-3160-3
作　　者：	宋小娜　孙　凯
策　　划：	侯春霞
责任编辑：	侯春霞
出版发行：	企业管理出版社
经　　销：	新华书店
地　　址：	北京市海淀区紫竹院南路 17 号　邮编：100048
网　　址：	http://www.emph.cn　电子信箱：pingyaohouchunxia@163.com
电　　话：	编辑部 18501123296　发行部（010）68417763、（010）68414644
印　　刷：	北京厚诚则铭印刷科技有限公司
版　　次：	2024 年 11 月第 1 版
印　　次：	2024 年 11 月第 1 次印刷
开　　本：	710mm×1000mm　1/16
印　　张：	13 印张
字　　数：	196 千字
定　　价：	79.00 元

版权所有　翻印必究·印装有误　负责调换

前　言

1978年中国开始了改革开放，1992年提出建立社会主义市场经济体制，从此中国经济走向了快速发展的道路。从2001年底加入WTO后，中国的经济增长速度更是遥遥领先，成为全球经济增长的重要引擎。但近几年中国经济增长速度有所减缓。

查阅相关数据与各种资料可以看出，从1990年代中期以来的20多年里，我国的对外贸易出口是带动我国经济增长的最大动力。从以往来看，我国出口的一大优势是低廉的劳动力成本，但从2010年代初期开始，我国出现了普遍性的"民工荒"，劳动力成本优势逐渐削弱。对此，许多人认为我国已经由劳动力近乎无限供给的时代进入劳动力短缺的时代，将之归结为劳动人口减少、老龄化加重。本书认为，至少在2010年代，中国不存在劳动人口不足的问题，老龄化也不是问题。中国现在的劳动力市场的基本特征，不是劳动力短缺，而是短缺与过剩并存。

除了劳动力成本以外，还有其他诸多影响我国外贸出口的因素，本书进行了一些探讨，期望对促进我国外贸的转型升级有所裨益。

本书共六章。第一章是对我国几十年来外贸发展的概述，重点是我国加入WTO以来的外贸发展，并从三个层次梳理了对外贸易理论。第二章考察我国对外服务贸易的转型升级，其中讨论了我国是否存在人为促熟服务业而过度去工业化的问题，并对我国服务业的对外限制进行了国际比较。第三章与第四章考察我国的对外货物贸易，分析在贸易壁垒环境下我国应如何与一些国家和地区进行贸易。第五章从人口角度考察我国外贸的转型升级。第六章从数字贸易、自由贸易试验区两个角度考察我国政府应如何推动外贸转型升级。

目 录

第一章 我国外贸发展 1
  第一节 我国外贸发展概况 1
    一、2018—2022 年我国外贸基本情况 1
    二、1978 年以来我国货物进出口与 GDP 2
  第二节 加入 WTO 以来我国的对外贸易发展 7
    一、我国的货物出口 7
    二、我国的货物进口 11
    三、我国的服务出口 13
    四、我国的服务进口 16
  第三节 对外贸易理论与转型升级 20
    一、对外贸易基本原理 20
    二、对外贸易理论的三个层次 22
    三、对外贸易转型升级的含义 23

第二章 我国对外服务贸易发展与转型升级 25
  第一节 我国对外服务贸易发展 25
    一、我国对外服务贸易分类概述 25
    二、我国与部分国家的服务贸易 28
  第二节 我国对外服务贸易的转型升级 52
    一、产业升级与发展服务业 52

二、我国服务业优劣势比较与出口策略·· 61
　　三、进一步放开我国服务业对外贸易限制·· 70

第三章　我国对外货物贸易发展·· 80
　第一节　概述·· 80
　　一、我国2022年海关货物进出口··· 80
　　二、我国海关货物出口的前十个国家（地区）······································ 82
　第二节　我国同各国（地区）的货物贸易发展·· 86
　　一、我国同北美国家（地区）的货物贸易·· 86
　　二、我国同亚洲国家（地区）的货物贸易·· 102
　　三、我国同欧洲国家（地区）的货物贸易·· 128

第四章　贸易壁垒与外贸转型升级·· 136
　第一节　贸易摩擦下的外贸转型升级·· 136
　　一、我国同北美国家（地区）的贸易·· 136
　　二、我国同亚洲国家（地区）的贸易·· 139
　　三、我国同欧洲国家（地区）的贸易·· 148
　第二节　绿色贸易壁垒下的外贸转型升级·· 151
　　一、我国面临的绿色贸易壁垒··· 151
　　二、分析与建议··· 153

第五章　我国人口与外贸转型升级·· 155
　第一节　我国劳动力市场结构··· 155
　　一、二元人口结构与城镇化··· 155
　　二、三元劳动力市场·· 159
　第二节　提高生育率与劳动力市场·· 160
　　一、"民工荒"不是劳动年龄人口减少造成的·· 161
　　二、"民工荒"不是老龄化造成的·· 165
　　三、是否应该重现"人口红利"·· 167
　　四、放开生育限制是否能够提高生育率·· 167
　　五、提高生育率不一定能解决劳动力短缺问题······································ 169
　第三节　人口与外贸转型升级··· 171

  一、劳动密集型产品 ··· 171
  二、老龄化 ··· 175
第六章　政府推动外贸转型升级 ································· 178
 第一节　数字贸易 ··· 178
  一、数字贸易的发展 ··· 178
  二、政府对数字贸易的扶持 ····································· 181
 第二节　自由贸易试验区 ··· 185
  一、自贸试验区的发展 ··· 185
  二、分析与展望 ··· 186
参考文献 ··· 190
后记 ·· 198

第一章　我国外贸发展

第一节　我国外贸发展概况

一、2018—2022 年我国外贸基本情况

我国的对外经贸主要分为货物进出口、服务进出口、外商直接投资（FDI）、对外直接投资、对外经济合作。2018 年至 2022 年我国外贸交易金额如表 1-1 所示。

表 1-1　2018—2022 年我国对外经济贸易基本情况

项目	2018 年	2019 年	2020 年	2021 年	2022 年
货物进出口总额 / 亿元人民币	305010.1	315627.3	322215.2	387414.6	418011.6
出口总额	164128.8	172373.6	179278.8	214255.2	237411.5
进口总额	140881.3	143253.7	142936.4	173159.4	180600.1
进出口差额	23247.5	29119.9	36342.4	41095.9	56811.5
货物进出口总额 / 亿美元	46224.4	45778.9	46559.1	59957.9	62701.1
出口总额	24867.0	24994.8	25899.5	33160.2	35605.4
进口总额	21357.5	20784.1	20659.6	26797.7	27095.7
进出口差额	3509.5	4210.7	5239.9	6362.5	8509.7
服务进出口总额 / 亿美元	7918.8	7850.0	6617.2	8212.5	8891.1
出口总额	2668.4	2836.0	2806.3	3942.5	4240.6
进口总额	5250.4	5014.0	3810.9	4270.0	4650.5
进出口差额	-2582.0	-2178.0	-1004.6	-327.5	-409.9
外商直接投资额 / 亿美元	1383.1	1412.2	1493.4	1809.6	1891.3
对外直接投资流量 / 亿美元	1430.4	1369.1	1537.1	1788.2	

续表

项目	2018年	2019年	2020年	2021年	2022年
对外经济合作/亿美元					
对外承包工程合同金额	2418.0	2602.5	2555.4	2584.9	2530.7
对外承包工程完成营业额	1690.4	1729.0	1559.4	1549.4	1549.9

数据来源：《中国统计年鉴2023》。

根据表1-1，2018年我国货物出口额为16.41万亿元人民币，货物进口额为14.09万亿元人民币，折合成美元为出口额2.49万亿美元，进口额2.14万亿美元。服务出口额为0.27万亿美元，进口额为0.53万亿美元。外商直接投资额为0.14万亿美元。对外直接投资流量为0.14万亿美元。对外承包工程完成业务额为0.17万亿美元。

从金额上看，2018年我国的对外经济贸易主要是货物的进出口。服务出口、外商直接投资、对外直接投资、对外承包工程完成业务额加在一起为0.72万亿美元，大约为货物出口额2.49万亿美元的29%。在2019年至2021年，情况基本相同：从金额上看，我国的对外经贸主要由货物进出口组成。

根据表1-1，2022年我国的货物出口额为23.74万亿元人民币，货物进口额为18.06万亿元人民币，折算成美元为出口额3.56万亿美元，进口额2.71万亿美元。服务出口额为0.42万亿美元，进口额为0.47万亿美元。外商直接投资额为0.19万亿美元。对外承包工程完成业务额为0.15万亿美元。年鉴中缺少2022年的对外直接投资数据，但根据之前几年的对外直接投资数据，可以假定2022年不会比前几年有成倍的增加，或者说大体稳定。在上述数据基础上，可以认为2022年的情况基本与2018年至2021年相似：从金额上看，我国的对外经济贸易主要是货物的进出口。

在我国对外经济贸易的各项中，历年数据最全的项目是货物进出口，别的一些项目只有近年的统计数据，缺乏早期数据。在进行几十年的长期考察时，为简化起见，可以用货物进出口代表我国的对外经济贸易。

二、1978年以来我国货物进出口与GDP

在考察外贸发展对经济增长的贡献时，一种做法是考察净出口的作用，即考察出口减进口的差额。在统计年鉴中，有按支出法进行的GDP统计，将GDP分解为最终消费支出、资本形成总额、货物与服务净出口三个部分，这也是通常所说的经济增长"三驾马车"（消费、投资、出口）的分类思路。在《中国统计年鉴2023》中，有这三类支出对GDP增长的贡献率、这三类支出所拉动的GDP的百分点的统计。

但这种做法存在缺陷。对于进口来说，其中的一部分作为中间产品，用于生产出口产品。对于对应这部分中间产品的出口产品来说，出口额不能代表对GDP的贡献，需要从出口额中减去相应的进口额。但是，进口产品中除了用作生产出口产品的中间产品外，还有其他部分。对于从进口产品中划分出用作生产出口产品的中间产品、其他产品，目前缺乏合理、准确的方法。本书认为，对于我国来说，在很多情况下用出口而不是出口减进口后的净出口来考察外贸对经济增长的影响，可能更为合适。

1978年改革开放前，我国的进出口金额很少，对外经贸主要发生于改革开放之后。因此，下文各项统计数据主要取自1978年以后。1978年以来我国货物进出口与GDP如表1-2所示，其中最后2列的比重是根据前面4列的数据计算得到的。

表1-2　1978年以来我国货物进出口与GDP

年份	GDP/亿元	出口总额/亿元	进口总额/亿元	差额/亿元	出口占GDP的比重/%	净出口占GDP的比重/%
1978	3678.7	167.7	187.4	-19.7	4.56	-0.54
1980	4587.6	271.2	298.8	-27.6	5.91	-0.60
1985	9098.9	808.9	1257.9	-449.0	8.89	-4.93
1990	18872.9	2985.8	2574.3	411.6	15.82	2.18
1991	22005.6	3827.1	3398.7	428.5	17.39	1.95
1992	27194.5	4676.3	4443.3	233.0	17.20	0.86
1993	35673.2	5284.8	5986.2	-701.4	14.81	-1.97
1994	48637.5	10421.8	9960.1	461.8	21.43	0.95
1995	61339.9	12451.8	11048.1	1403.7	20.30	2.29
1996	71813.6	12576.4	11557.4	1019.0	17.51	1.42

续表

年份	GDP/亿元	出口总额/亿元	进口总额/亿元	差额/亿元	出口占GDP的比重/%	净出口占GDP的比重/%
1997	79715.0	15160.7	11806.6	3354.1	19.02	4.21
1998	85195.5	15223.5	11626.1	3597.4	17.87	4.22
1999	90564.4	16159.8	13736.5	2423.3	17.84	2.68
2000	100280.1	20634.4	18638.8	1995.6	20.58	1.99
2001	110863.1	22024.4	20159.2	1865.3	19.87	1.68
2002	121717.4	26947.9	24430.3	2517.6	22.14	2.07
2003	137422.0	36287.9	34195.6	2092.3	26.41	1.52
2004	161840.2	49103.3	46435.8	2667.6	30.34	1.65
2005	187318.9	62648.1	54273.7	8374.4	33.44	4.47
2006	219438.5	77597.9	63376.9	14221.0	35.36	6.48
2007	270092.3	93627.1	73296.9	20330.2	34.66	7.53
2008	319244.6	100394.9	79526.5	20868.4	31.45	6.54
2009	348517.7	82029.7	68618.4	13411.3	23.54	3.85
2010	412119.3	107022.8	94699.5	12323.3	25.97	2.99
2011	487940.2	123240.6	113161.4	10079.2	25.26	2.07
2012	538580.0	129359.3	114801.0	14558.3	24.02	2.70
2013	592963.2	137131.4	121037.5	16094.0	23.13	2.71
2014	643563.1	143883.8	120358.0	23525.7	22.36	3.66
2015	688858.2	141166.8	104336.1	36830.7	20.49	5.35
2016	746395.1	138419.3	104967.2	33452.1	18.55	4.48
2017	832035.9	153309.4	124789.8	28519.6	18.43	3.43
2018	919281.1	164128.8	140881.3	23247.5	17.85	2.53
2019	986515.2	172373.6	143253.7	29119.9	17.47	2.95
2020	1013567.0	179278.8	142936.4	36342.4	17.69	3.59
2021	1149237.0	214255.2	173159.4	41095.9	18.64	3.58
2022	1210207.2	237411.5	180600.1	56811.5	19.62	4.69

数据来源：《中国统计年鉴2023》。

第一章　我国外贸发展

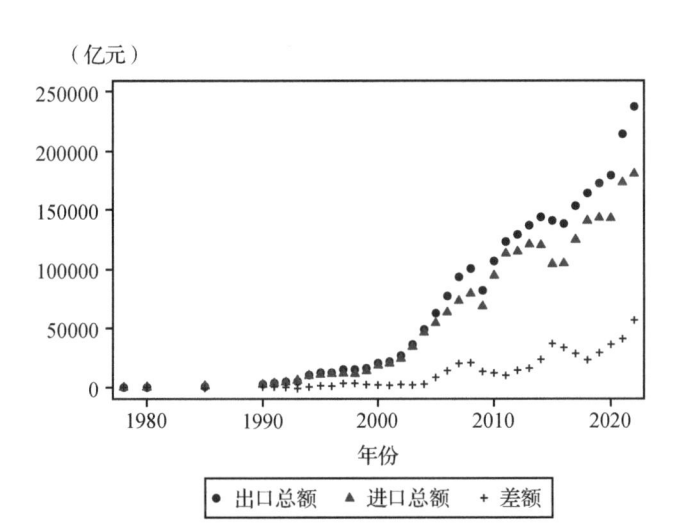

对表 1-2 的出口、进口、净出口的金额制图，如图 1-1 所示。

图 1-1　我国货物进出口金额

在改革开放的早期，我国缺乏可以出口的产品，也不了解如何做外贸生意，那时我国外贸产品的进口、出口金额都很小，净出口的金额就更小了。从图 1-1 可以看出，一直到 1980 年代后期，进出口的数额都很小，几乎是在 0 值上下，在图上表现为几乎是在纵坐标为 0 的水平线附近。由于金额很小，从图 1-1 看早期的外贸很难看出变化，需要查看表 1-2 的数据才能看出一些变化。

从 1980 年代中期开始，我国的外贸出口明显增加，进口也开始明显增加。但外贸出口、进口的增加速度不相同，主要表现是净出口的变化缺乏规律：时快时慢，多数时候为正，少数时候为负。1985 年净出口为负，1993 年净出口为负，而在 1993 年前后的年份里净出口都为正。即使是在净出口为正的那些年，各年净出口占 GDP 的比重也是忽大忽小，缺乏规律。这也可以理解：净出口是由出口、进口两个方面组成的，影响出口增长变化的因素与影响进口增长变化的因素差别很大，这样，出口、进口就往往不是同步变化，从而净出口的变化缺乏规律。

相比之下，出口额就有规律多了，虽然也有高有低，但相邻年份间大致是平稳的，而不是忽高忽低。从图 1-1 可以看出，出口金额呈现一直增加的趋势，表 1-2 的数据更准确地表明了这点。另外，我国的 GDP 也基本上是逐年增加的。这里不采用出口金额，而是采用出口金额占 GDP 的比重绘图，如图 1-2 所示。

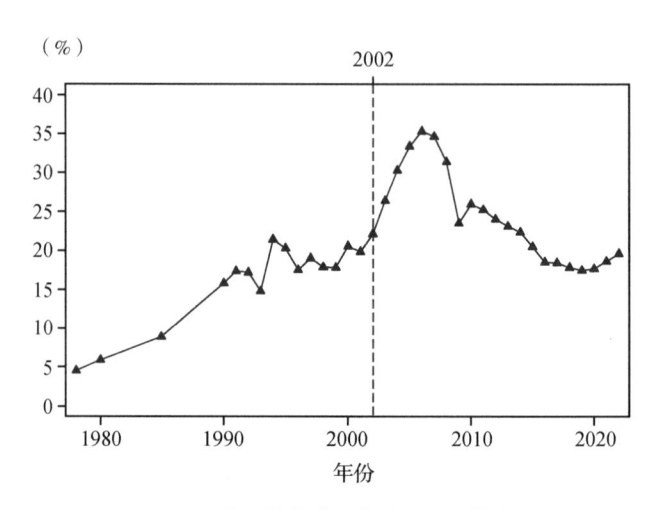

图 1-2　我国货物出口额占 GDP 的比重

可以看出，不仅出口金额在逐年增加，而且出口金额占 GDP 的比重，从大的趋势看也是在增加的。1978 年时这个比重只有 4.56%，1985 年时增加到 8.89%，增长了约一倍，但是比重还是比较小。到 1990 年时这个比重增加到了 15.82%，又是增长了差不多一倍。从此以后，就基本没低于这个比重。

从图 1-2 可以看出，较快的增长始于 2002 年。我国在 2001 年底加入了世界贸易组织，汇入全球国际贸易洪流。该比重在 2006 年达到峰值 35.36%，此后开始下降。下降到 2009 年的 23.54% 后有一个小回升，2010 年为 25.97%，此后几乎是逐年下降。近几年基本在 18% 左右浮动。

由上可见，出口金额相对于我国的 GDP 总量来说，占有很大的比重。进入 1990 年代中期以来，出口金额占 GDP 的比重基本上在 1/5 左右，在少数年份，甚至达到了 1/3 左右。不仅如此，随着对外经贸的增加，大量的管理、生产技术开始涌入我国，提高了我国自身的管理、研发与生产能力。比如电视机，在改革开放早期我国生产的电视机数量少、技术落后，那时电视机是普通居民家庭的重要财产，甚至在若干年里，电视机需凭票购买，一票难求。随着各种中外合资生产、中外合作的发展，我国逐渐掌握了电视机的生产技术，电视机在我国的普通居民家庭中成为普通财产，不仅不再需要凭票购买，而且厂家采用各种方式进行促销。电视机的尺寸越来越大，画面越来越清晰，功能越来越先进。

从上述意义来说，进出口不仅是我国经济增长"三驾马车"中的一驾，而且是其中非常重要的一驾。

第二节　加入WTO以来我国的对外贸易发展

我国的对外经济贸易是在2001年底加入世界贸易组织（World Trade Organization，WTO）后开始迅猛发展的。二十多年来，我国对外贸易主要是根据WTO规则，与WTO成员进行的。

令人印象深刻的是，在WTO官方网站对WTO历史的介绍中，开篇第一句话是："从早期丝绸之路，到关贸总协定的创立，到WTO的诞生……"，从而将WTO的渊源追溯到中国汉朝的丝绸之路。

1947年10月，来自北美洲、南美洲、亚洲（锡兰、缅甸、中华民国、巴基斯坦）、非洲、大洋洲、欧洲的23个国家在日内瓦签订协议，并于1948年1月1日开始临时适用。从那时起，到1995年1月1日WTO诞生，关贸总协定（General Agreement on Tariffs and Trade，GATT）运行了47年。

我国于1986年7月正式申请恢复关贸总协定的缔约方地位。2001年11月10日，在卡塔尔首都多哈举行世界贸易组织第四届部长级会议，审议通过《中国加入世界贸易组织议定书》，我国次日签署，次月11日生效。

我国加入WTO后，进出口实现了巨大的增长，不论是绝对金额，还是占世界的比重，都是如此。下面分别考察我国的货物进出口与服务进出口。时间从1994年开始，这是WTO成立的前一年，也是我国从计划经济体制转向市场经济体制的初始。

一、我国的货物出口

首先考察我国加入WTO前后的货物出口（见表1-3）。

表 1-3　我国货物出口额及其占世界货物出口总额的比重

年份	世界/百万美元	中国/百万美元	占比/%
1994	4328264	121006	2.80
1995	5167620	148780	2.88
1996	5406052	151048	2.79
1997	5592319	182792	3.27
1998	5503135	183712	3.34
1999	5719381	194931	3.41
2000	6454020	249203	3.86
2001	6196435	266098	4.29
2002	6500717	325596	5.01
2003	7590841	438228	5.77
2004	9222555	593326	6.43
2005	10510291	761953	7.25
2006	12131279	968978	7.99
2007	14031816	1220456	8.70
2008	16168718	1430693	8.85
2009	12564776	1201612	9.56
2010	15301659	1577754	10.31
2011	18337603	1898381	10.35
2012	18508981	2048714	11.07
2013	18958769	2209005	11.65
2014	18999593	2342293	12.33
2015	16554643	2273468	13.73
2016	16036335	2097632	13.08
2017	17741325	2263346	12.76
2018	19550037	2486695	12.72
2019	19017108	2499457	13.14
2020	17653275	2589952	14.67
2021	22365766	3358163	15.01
2022	24925766	3593523	14.42

数据来源：WTO 网站 https://stats.wto.org/。

第一章 我国外贸发展

表 1-3 第一列是世界的货物出口总额，第二列是中国的货物出口额，第三列是第二列除以第一列的百分比。为了看得更直观清楚，将上表数据绘制成图，如图 1-3 所示。

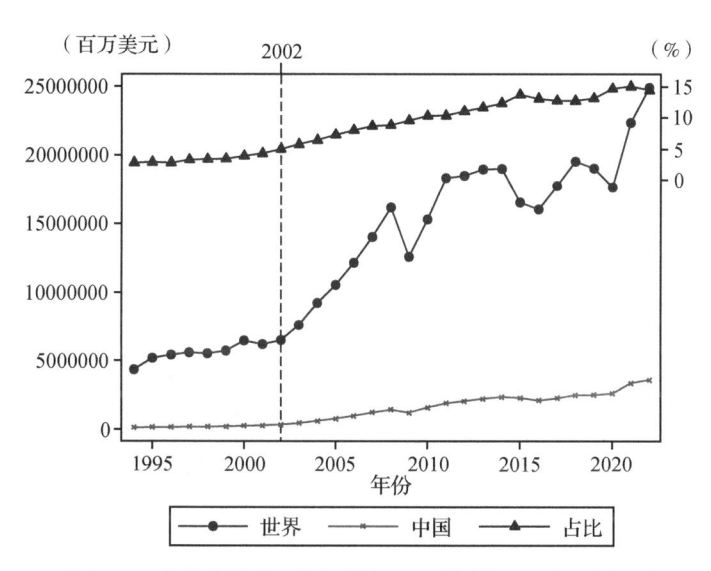

图 1-3 我国货物出口额及其占世界货物出口总额的比重

世界和我国的货物出口额分别由图 1-3 的中间、下边的两条曲线表示，对应的坐标轴为左边纵轴。我国货物出口额占世界货物出口总额的百分比，由图 1-3 最上边的曲线表示，对应的坐标轴为右边纵轴。

在 1994 年时，我国的货物出口金额很小，只有 1210 亿美元，占世界货物出口总额的比重为 2.80%。在那前后几年，世界多边贸易体制由关贸总协定 GATT 转为世界贸易组织 WTO，世界各国的货物出口总额从 1994 年的 43283 亿美元，增加到 2000 年的 64540 亿美元，在 6 年时间里增长了 49%。那几年，也是我国努力复关的关键年份，中国以很大的决心和信心向世界开放。在这 6 年时间，我国的货物出口从 1994 年的 1210 亿美元增加到 2000 年的 2492 亿美元，增加了 1 倍多。尽管世界货物出口额的增长速度很快，但我国的增长速度更快。它的直接结果就是我国的货物出口额占世界货物出口总额的比重从 1994 年的 2.80% 增加到 2000 年的 3.86%，增加了约 1 个百分点，增长幅度为 38%。

我国加入WTO后，我国的货物出口增长几乎可以用一日千里来形容。以我国加入WTO的2001年作为起点年份，以又一个6年后的2007年作为对比年份来看，2001年世界货物出口总额为61964亿美元，2007年增加为140318亿美元，6年间增长了126%。应该说这个增长速度还是很快的，平均每年增长20%，比各国GDP的增长速度高出几倍。而同期我国货物出口的增长更快，从2001年的2661亿美元增加到2007年的12205亿美元，增长了359%，平均每年增长60%。横向比较来看，我国货物出口的增长速度大约是同期世界平均增长速度的3倍。

从纵向来看，我国的货物出口在1994年到2000年的6年间增长了106%，而在2001年到2007年的6年间增长了359%，后一个6年的增长速度约为前一个6年的增长速度的3.4倍。从我国货物出口额占世界货物出口总额的比重来看，我国在2001年时占比为4.29%，到2007年占比为8.70%，这6年间增加了4个百分点还多，而前一个6年仅增加了约1个百分点。从2001年到2007年，我国的货物出口额占世界货物出口总额的比重从4.29%增加到8.70%，意味着增长幅度为103%，而前一个6年的增长幅度为38%。

2007年之后，我国的货物出口额继续增长，但增长速度有所减缓，其中一个重要原因是遭遇了2008年的国际金融危机。WTO成立后，世界货物出口总额一直是逐年增长的，到2008年达到一个小高峰，但是到2009年，这个增长停止了，从图1-3可以清晰地看出：世界货物出口曲线在2009年出现了明显的掉头向下。这年的世界货物出口总额125648亿美元不仅低于前一年2008年的161687亿美元，甚至低于再前一年2007年的140318亿美元，与更早的2006年的121313亿美元基本持平。我国在2009年的货物出口也受到影响，低于前一年的金额，但幸运的是，我国受到的损失相对来说小一些。这样，虽然我国的货物出口额比前两年都有所下降，但是占世界货物出口总额的比重却是在增加的，从2007年的8.70%增加到2008年的8.85%，再增加到2009年的9.56%。

在2009年之后，世界的货物出口总额迅速上升，从2009年的125648亿美元增加到2010年的153017亿美元，再增加到2011年的183376亿美元。短短两年，增长了46%。可喜的是，同期我国的货物出口额也出现了巨大增长，从 2009 年的 12016 亿美元增加到 2011 年的 18984 亿美元，增长了 58%，高于世界平均增长速度 46%。因此，我国货物出口额占世界货物出口总额的比重也随之增加，从 2009 年的 9.56% 增加到 2011 年的 10.35%。

在那之后，世界货物出口总额连续几年基本保持不变，出现了几年的平台期，在 2011 年为 183376 亿美元，在 2014 年为 189996 亿美元，几年间仅增长 4%。而同期我国从 2011 年的 18984 亿美元增加到 2014 年的 23423 亿美元，增长了 23%。值得注意的是，那几年正是我国"民工荒"广为人们关注的几年。

在世界货物出口总额几乎停止增长的大背景下，在我国发生严重"民工荒"的 2011 年至 2014 年，普遍被人们认为货物出口主要依靠劳动力成本低廉的我国，为什么货物出口依然增长迅速？

一种可能是，我国的货物出口已经实现了转型，不再过度依赖劳动力成本低廉。但这种解释很难令人信服。那几年，我国在科技等各方面应该远没有实现转型，甚至很多人还沉浸在人口红利的幸福中，没有充分意识到"民工荒"已经成为不可逆转的大势。

还有一种可能是，从整体上来说，我国货物出口部门的工资福利水平高于社会的许多其他部门，因此即使从全社会的角度看出现了"民工荒"，货物出口部门的招工在短期内也基本不受影响。这种解释可能更为合理一些。

二、我国的货物进口

下面考察我国的货物进口。数据如表 1-4 所示。

表 1-4　我国货物进口额及其占世界货物进口总额的比重

年份	世界/百万美元	中国/百万美元	占比/%
1994	4428573	115615	2.61
1995	5285272	132084	2.50
1996	5547270	138833	2.50
1997	5738660	142370	2.48
1998	5682580	140237	2.47
1999	5926281	165699	2.80

续表

年份	世界/百万美元	中国/百万美元	占比/%
2000	6647491	225094	3.39
2001	6406934	243553	3.80
2002	6656546	295170	4.43
2003	7771078	412760	5.31
2004	9473318	561229	5.92
2005	10785489	659953	6.12
2006	12370283	791461	6.40
2007	14273909	956116	6.70
2008	16502140	1132567	6.86
2009	12720478	1005923	7.91
2010	15443954	1396247	9.04
2011	18443757	1743484	9.45
2012	18668651	1818405	9.74
2013	18976556	1949990	10.28
2014	19074228	1959233	10.27
2015	16735953	1679566	10.04
2016	16205390	1587925	9.80
2017	17975934	1843792	10.26
2018	19816322	2135748	10.78
2019	19341026	2078386	10.75
2020	17878572	2065964	11.56
2021	22602820	2686747	11.89
2022	25670095	2716151	10.58

数据来源：WTO 网站 https://stats.wto.org/。

将上面的数据绘制成图，如图 1-4 所示。

根据经济学的基本知识可以知道，货物出口与货物进口是由不同的两组因素决定的，这两组因素里有一些是相同的，也有一些是不同的。即使是相同的因素，它们发生作用的方式、程度也是不同的。但是图 1-3 和图 1-4 中世界货物出口与世界货物进口的曲线几乎相同，这是因为，从世界的角度来

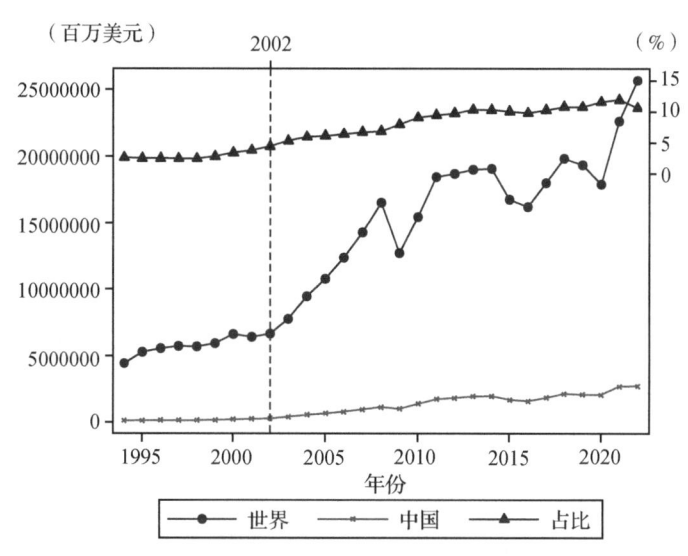

图 1-4 我国货物进口额及其占世界货物进口总额的比重

看，一国的进口就是别国的出口，反过来说，一国的出口就是别国的进口。因此汇总之后，从理论上来说世界的出口就是世界的进口，两者应该是相同的。但由于统计程序上的时间差等问题，两者往往有微小的差别。

这里不再像货物出口那样对各年的数据进行较为细致的分析，仅进行粗略分析。首先，在1994年的时候，中国的货物进口额占世界货物进口总额的比重为2.61%，与出口占比2.80%差不多。6年后的2000年，进口占比上升到3.39%，增长速度没有出口的增长速度快。2001年我国货物进口额占世界货物进口总额的比重为3.80%，又一个6年后的2007年为6.70%，增长速度依然低于出口。我国货物进口额占世界货物进口总额的比重在2013年达到第一个小高峰10.28%。与出口不同的是，在其后的几年，我国货物进口额占世界货物进口总额的比重开始下降，而不是如货物出口那样继续上升。之后，基本在11%上下浮动。

我国与外国，尤其是与美国贸易摩擦的一个原因是我国对外贸易的顺差。从上面的数据看，我国长期以来货物进口明显少于出口，从而长期保持顺差。

三、我国的服务出口

在对货物的出口、进口进行考察后，现在对服务的出口、进口进行考察。WTO 对服务进出口的统计有两个标准，一个是 2002 年标准，另一个是 2010 年标准。相应地，WTO 对 40 多年来的服务进出口的统计有两个表，一个表是从 1980 年到 2013 年，另一个表是从 2005 年到 2022 年，两者有重合的年份。对于 2013 年及以前年份的服务进出口，本书采用前一个表的数据，对于 2014 年及之后年份的服务进出口，采用后一个表的数据。我国服务出口数据如表 1-5 所示。

表 1-5　我国服务出口额及其占世界服务出口总额的比重

年份	世界/百万美元	中国/百万美元	占比/%
1994	1042530	16354	1.57
1995	1179435	18430	1.56
1996	1273083	20567	1.62
1997	1329776	24504	1.84
1998	1346855	23879	1.77
1999	1405852	26165	1.86
2000	1491319	30146	2.02
2001	1492725	32901	2.20
2002	1597573	39381	2.47
2003	1851369	46401	2.51
2004	2250430	64534	2.87
2005	2516187	73909	2.94
2006	2845410	91427	3.21
2007	3421351	121654	3.56
2008	3847065	146444	3.81
2009	3488683	128526	3.68
2010	3827680	161210	4.21
2011	4295417	175670	4.09
2012	4396998	190440	4.33
2013	4644377	204718	4.41
2014	5178345	218086	4.21
2015	4948007	217570	4.40

续表

年份	世界/百万美元	中国/百万美元	占比/%
2016	5027625	208320	4.14
2017	5481788	226389	4.13
2018	6045541	269697	4.46
2019	6236602	281651	4.52
2020	5155267	278084	5.39
2021	6134629	390613	6.37
2022	7043483	422333	6.00

数据来源：WTO 网站 https://stats.wto.org/。

由于统计口径不同，上面的表 1-5 与下面的表 1-6 关于服务进出口的数据与我国统计年鉴的数据有微小区别。将表 1-5 的数据绘制成图，如图 1-5 所示。

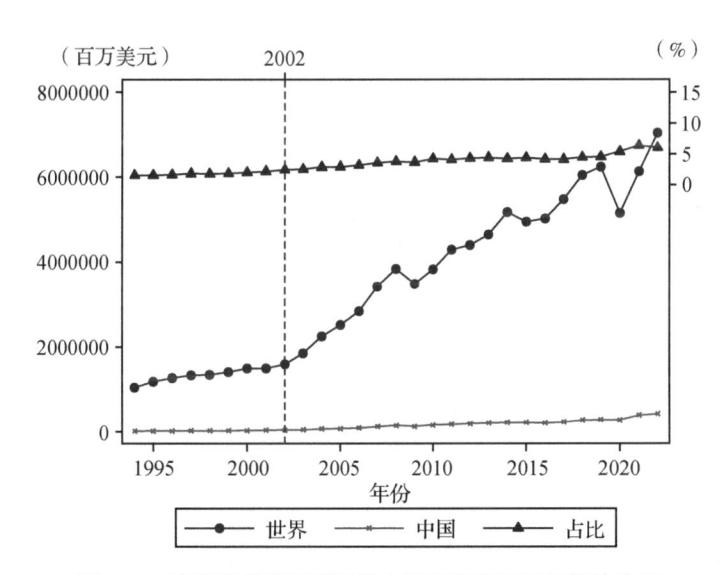

图 1-5 我国服务出口额及其占世界服务出口总额的比重

图 1-5 三条曲线中最上面的那条曲线是占比曲线，对应右面的纵轴，中间、下面的两条曲线分别是世界、中国服务出口曲线，对应左边的纵轴。将服务出口曲线与图 1-3 的货物出口曲线相比，可以看到两者有明显的不同。1994 年我国的服务出口金额为 164 亿美元，远低于我国同年的货物出口金

额 1210 亿美元。当年的世界服务出口金额为 10425 亿美元，远低于同年的世界货物出口金额 43283 亿美元。一般来说，各国的服务出口额往往小于货物出口额。但是我国的服务出口金额仅为我国货物出口金额的 14%，而同期世界服务出口金额是世界货物出口金额的 24%。两相对比，可以认为与其他国家相比，我国的服务出口更弱一些。与此相对应，我国 1994 年的服务出口额占世界服务出口总额的比重为 1.57%，低于我国货物出口额占世界货物出口总额的比重 2.80%。

从 1994 年到 2000 年的 6 年，我国服务出口额占世界服务出口总额的比重在缓慢地增长，从 1.57% 增长到 2.02%，其中有的年份有微小的下降。这 6 年增加了 0.45 个百分点，增长幅度为 29%。

从我国加入 WTO 的 2001 年到 2007 年，我国服务出口额占世界服务出口总额的比重增长得很快，这 6 年从 2.20% 增加到 3.56%，增加了 1.36 个百分点，增长幅度为 62%。

从总体上看，我国的服务出口明显增长，但与货物出口相比，无论是占比，还是占比的增长速度，都明显有所不及。

四、我国的服务进口

下面考察我国的服务进口，数据如表 1-6 所示。

表 1-6　我国服务进口额及其占世界服务进口总额的比重

年份	世界/百万美元	中国/百万美元	占比/%
1994	1047241	15781	1.51
1995	1189123	24635	2.07
1996	1263044	22369	1.77
1997	1299123	27724	2.13
1998	1306596	26467	2.03
1999	1378300	30967	2.25
2000	1463740	35858	2.45
2001	1482306	39032	2.63

续表

年份	世界/百万美元	中国/百万美元	占比/%
2002	1561255	46080	2.95
2003	1792782	54852	3.06
2004	2146007	72190	3.36
2005	2384272	83344	3.50
2006	2665979	100327	3.76
2007	3174475	129259	4.07
2008	3635060	158004	4.35
2009	3300083	158016	4.79
2010	3613441	192174	5.32
2011	4055857	237003	5.84
2012	4173930	280164	6.71
2013	4381350	329424	7.52
2014	5060878	430856	8.51
2015	4825457	432975	8.97
2016	4868586	449223	9.23
2017	5276362	464133	8.80
2018	5750782	520683	9.05
2019	5964439	496967	8.33
2020	4886415	377528	7.73
2021	5669904	423762	7.47
2022	6508700	461450	7.09

数据来源：WTO 网站 https://stats.wto.org/。

将表 1-6 绘制成图，如图 1-6 所示。图中三条曲线中最上面那条曲线是占比曲线，对应右面的纵轴，中间、下面的两条曲线分别是世界、中国服务进口曲线，对应左边的纵轴。

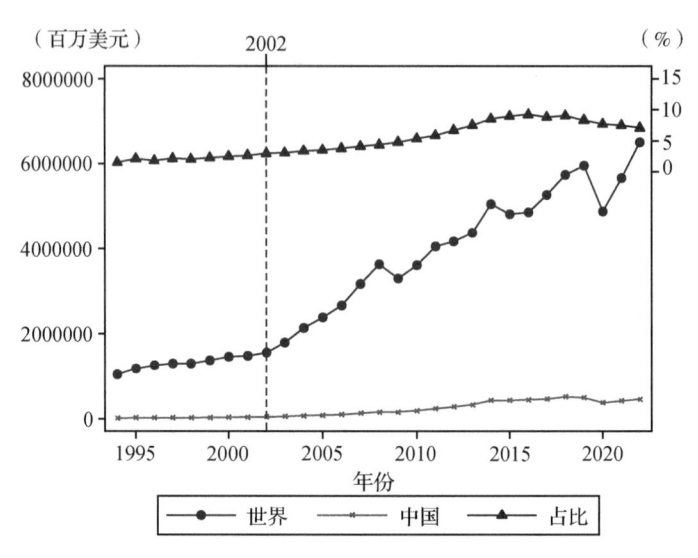

图 1-6　我国服务进口额及其占世界服务进口总额的比重

可以看到，我国的服务进口与出口相比，差别比较明显。1994年，我国服务出口额为164亿美元，占世界服务出口总额的比重为1.57%。该年我国服务进口额为158亿美元，占世界服务进口总额的比重为1.51%。服务出口与进口的金额、世界占比差别不大。后来我国的服务出口虽然成倍增加，但服务进口增加得更快。服务出口额占世界服务出口总额的比重在2010年进入4%区间，在2020年进入5%区间，随后进入6%区间，最高时为6.37%。而服务进口在2007年进入4%区间，在2010年进入5%区间，在2012年进入6%区间，在2013年进入7%区间，在2014年进入8%区间，在2016年进入9%区间，明显高于、快于服务出口。此外，服务出口在有些年份虽然有小的下降，但逐年看基本是上升的，而服务进口在2016年达到9.23%的峰值后，基本是下降的。

与我国货物进出口近几十年几乎年年顺差相比，我国的服务进出口几乎是年年逆差。表1-7是我国服务进出口的差额、占世界服务出口额的百分比。这两个指标中，前者是绝对指标，以金额表示，后者是相对指标，是前述金额占该年世界服务出口额的百分比。由于从世界角度看，进口额与出口额应该相同，因此计算上述相对指标时，采用出口额或进口额基本没区别。

表 1-7　我国服务进出口差额及其占世界服务出口额的比重

年份	差额/百万美元	占比/%	年份	差额/百万美元	占比/%
1994	573	0.05	2009	−29490	−0.85
1995	−6205	−0.53	2010	−30964	−0.81
1996	−1802	−0.14	2011	−61333	−1.43
1997	−3220	−0.24	2012	−89724	−2.04
1998	−2588	−0.19	2013	−124706	−2.69
1999	−4802	−0.34	2014	−212770	−4.11
2000	−5712	−0.38	2015	−215405	−4.35
2001	−6131	−0.41	2016	−240903	−4.79
2002	−6699	−0.42	2017	−237744	−4.34
2003	−8451	−0.46	2018	−250986	−4.15
2004	−7656	−0.34	2019	−215316	−3.45
2005	−9435	−0.37	2020	−99444	−1.93
2006	−8900	−0.31	2021	−33149	−0.54
2007	−7605	−0.22	2022	−39117	−0.56
2008	−11560	−0.30			

数据来源：根据表 1-5、表 1-6 计算得到。

将表 1-7 绘制成图，如图 1-7 所示。

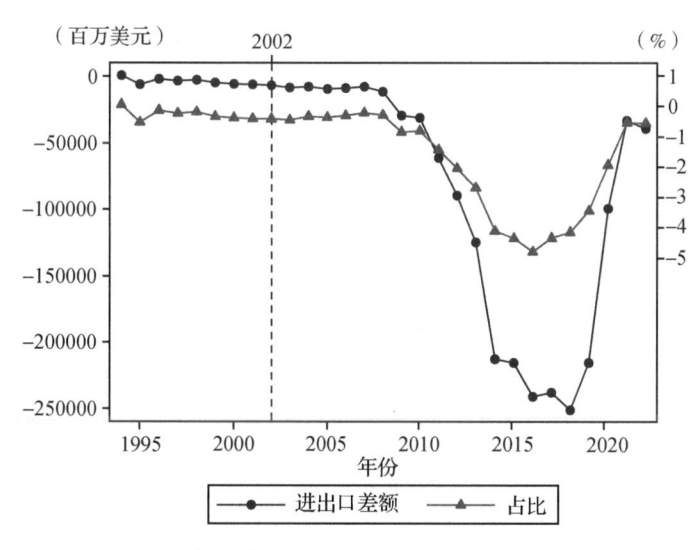

图 1-7　我国服务进出口差额及其占世界服务出口额的比重

从绝对指标可以看到，除了1994年以外，我国各年的服务进出口都是逆差，其中从2011年到2020年的10年逆差较大。从相对指标可以看到类似的结果。这说明即使考虑了同期世界范围的服务进出口变化，我国的服务进出口逆差也是在增加的。结合前面表1–5、表1–6可以看到，之所以近几年逆差减少，一方面是出口增加，但更重要的原因是进口没有随之增加。

第三节　对外贸易理论与转型升级

一、对外贸易基本原理

不同国家之间为什么会发生贸易？这属于国际贸易基本原理的内容。参照海闻、林德特和王新奎（2003，第28–31页），国际贸易的基本原则是低价进口、高价出口，只有当同一个产品在国家与国家之间存在价格差异时才会发生贸易［这里对海闻、林德特和王新奎（2003）的观点做一个修补：决定进出口的，不是如海闻、林德特和王新奎（2003）在第28页所写的两国间的物价水平，而是具体产品的价格］。而同一个产品在不同国家的价格不一样，是因为受到供给、需求等因素的影响。

（一）从供给方面进行解释

古典时期的斯密模型、李嘉图模型，新古典时期的赫克歇尔–俄林模型，以及当代的规模经济模型等，侧重于从供给方面进行解释。

1. 以劳动来进行解释

亚当·斯密与大卫·李嘉图较早地提出了自由贸易的理论。在他们的理论中，劳动是最主要的生产要素，因此他们主要考察劳动。①绝对优势贸易模型，以斯密为代表。②比较优势贸易模型，以李嘉图为代表。他们的理论，一般被归类为古典贸易理论。在这里，劳动是唯一的要素投入，商品市场和要素市场是完全竞争的，产品的边际成本是固定的，规模报酬是固定的。决定贸易模式的主要因素是劳动生产率不同。

2. 以资源的不同配置来进行解释

1919年赫克歇尔提出了要素配置理论的基本观点，1930年代他的观点被他的学生俄林加以论证完善，后人常以他们两人的姓名缩写来指代这一理论（H-O理论）。赫克歇尔和俄林指出，各国的资源储备情况影响着它们所生产的产品的相对成本，资源丰富的国家生产的产品的成本较低。这样，决定产品价格的就不再是劳动这一种要素，而是加上了资源。进而，生产要素不仅可能是两种，而且可能是多种。各国应该生产并出口本国资源丰富的那些产品，进口资源相对稀缺的产品。也就是说，决定国际贸易的主要因素是资源禀赋不同。1940年代，保罗·萨缪尔森进一步验证推演了H-O模型，在他的推导下，即使没有生产要素的跨国流动，也可以通过产品的国际贸易实现国际间的生产和资源的有效配置。这些分析区别于斯密、李嘉图单一劳动分析的古典贸易理论，被称为新古典贸易理论。

3. 以市场和生产规模来进行解释

在当代经济中，很多行业可以进行大规模批量生产，这样就可能在这些行业或产品生产中存在规模经济、不完全竞争。如果生产规模很大，就可以降低平均成本。如果市场占有率很大，就可以形成一定程度的垄断。而一国企业难以对各种产品都保持较大的市场占有率，所以需要不同国家的不同企业分别生产不同的产品，以降低各自的成本。因此，决定贸易模式的主要因素是生产规模不同。这一理论以保罗·克鲁格曼为代表人物，一般被归入当代国际贸易理论。

4. 以产品生命周期来进行解释

雷蒙·弗农借鉴管理学中的产品生命周期理论，指出一个产品在它生命周期的不同阶段所需要的生产要素是不同的，而一个国家相应的资源稀缺程度也是不同的，这样，各国在产品生命周期中的成本领先地位是不断变化的，甚至一个国家可能从某种产品的出口国变为该产品的进口国。这一理论也被归入当代国际贸易理论。

（二）从需求方面进行解释

早期的国际贸易理论大部分是从供给方面进行解释，后来逐渐增加了很多从需求方面进行的解释，例如用偏好、收入进行解释。

1. 用偏好的不同来进行解释

即使两个国家生产同一种产品的能力完全一样，但由于两国对该产品的需求不同，也可能产生价格差异，从而进行国家间的贸易。

2. 用收入的不同来进行解释

对于同一种产品，即使其他各方面完全一样，但是如果两个国家的收入水平不同，那么一般来说，收入水平较高的国家愿意用较高的价格购买该商品，从而该种商品更倾向于流入该收入水平较高的国家。

（三）其他

上述内容主要来自海闻、林德特和王新奎（2003），但是显然上述理论分类不够全面，例如缺少重商主义。

当代国际贸易理论还有许多其他理论或模型，例如 1970 年代以来发展较快的产业内贸易理论，细分为新张伯伦模型、兰卡斯特模型、布兰德－克鲁格曼模型、新赫克歇尔－俄林模型、S-S 模型等。

二、对外贸易理论的三个层次

1. 两分法

按照海闻、林德特和王新奎（2003，第 31-32 页）的观点，国际贸易理论分为基本理论、贸易政策两大部分。其中，上面小节的内容属于基本理论，而贸易政策部分则研究贸易政策的影响，以及贸易政策制定中的政治经济学。

其中，贸易政策的影响研究的是各种贸易政策（包括关税、配额、出口补贴等）以及影响贸易的其他经济政策（包括产业政策、消费政策等）的影响。贸易政策的基本性质是对自由贸易的干预。贸易政策制定中的政治经济学研究的是贸易政策制定过程中的政治与经济利益。

2. 三分法

在本书看来，相对于上述两分法，即将国际贸易理论分为基本理论、贸易政策两大部分，三分法可能更好一些。所谓三分法，是指从低到高，两国贸易有微观经济层次、宏观经济层次、政治层次三个层次。

（1）前一小节所说的国际贸易基本理论，基本上都属于微观经济层次。在这种层次下，不同国家的两个企业（个人）如果认为国际贸易有利可图，就可以进行交易。之所以对于同一个交易，买卖双方都认为自己有利可图，是因为存在比较优势、国际分工等情况。

（2）如果从宏观经济层次考虑，即使不同国家的两个企业（个人）都可以从一个国际贸易中获利，但出于整个行业、整个国家经济利益的考虑，行业协会、政府等组织也可能限制、禁止这样的交易。

现实中这样的事例不胜枚举。常见的如发达国家的某类工业品相对于某个发展中国家来说价廉物美，发展中国家的进口商进口这种工业品，卖给本国国民。从微观经济层次来说，作为卖方的发达国家厂商、作为买方的发展中国家进口商，双方都可以从这个交易中获利。但在这种情况下，发展中国家的政府有可能对这样的进口贸易加以限制，如征收关税、限制进口额度，以保护本国落后的工业，这就是宏观经济层次的考虑。

（3）如果从政治层次考虑，则政府为了达到某种政治目的，即使赔钱也要推进某些国际贸易。例如我国春秋时期，为了制服衡山国，管仲献策齐桓公，派人从衡山国高价买入武器及相关物资，同时齐国又高价收购粮食。这样过了一段时间后，齐国发兵攻打衡山国。衡山国既无足够的武器装备保卫国家，也没有足够的粮食，只好向齐国投降。这次经济战，也被称为衡山之谋。

如果两个国家在政治上相互信任对方，那么国际贸易就主要是从经济原因考虑。如果在某些方面相互信任，两国可能建立自由贸易区，允许两国自由进行跨国经济贸易。反之，如果两国在政治上缺乏互信，那么即使国际交易对两国的买卖双方都有利，也可能遭到其中一国政府的限制，甚至禁止。

三、对外贸易转型升级的含义

对外贸易转型升级究竟有什么含义？不同学者对此有不同的看法。本书认为以下两点需要注意。

1. 对外贸易转型升级不同于国内产业升级

对外贸易转型升级包括转型、升级两个方面。可能是受国内产业升级的影响，很多人在理解对外贸易转型升级时局限于升级这一个方面。例如，有人认为对外贸易转型升级是逐步由劳动密集型、高能耗型、资源类等产品出口为主，转为技术密集型、高附加值、低能耗等产品出口为主。这些转换，实际上都是升级。

对"对外贸易转型升级"的理解，实际上也是对"对外贸易"的理解。对外贸易的核心是出口，是把产品（包括服务这样的无形产品）卖出去，获得收入。换言之，什么产品好卖，就卖什么。什么产品获得的收入高，就卖什么。这是基本含义。当然，它有一些限制，例如必须遵守法律，又如需要对高污染、高消耗不可再生资源的产品进行限制。

这样，对外贸易在一定情况下可能需要转型，而这些转型可能不是升级，而是平级，甚至是降级。例如，由出口高技术、高附加值的产品，转向出口中低技术、中低附加值的产品。

在上述理解下，对外贸易转型升级实际上也就是说以后如何进行对外贸易。

2. 不存在适用于所有国家的对外贸易转型升级方法

前面两个小节粗略概述了国际贸易发生的原因，但还有大量的情况没有包含在内。现实中的国际贸易错综复杂，根本无法用一种或几种原因对所有国家进行解释，甚至无法用一种或几种原因对一个国家的所有进出口产品进行解释。要想考察我国应该怎样进行对外贸易转型升级，需要在考察我国情况的基础上，针对不同的国家进行具体分析。基于上述考虑，本书区分不同的国家进行外贸考察。

第二章 我国对外服务贸易发展与转型升级

第一节 我国对外服务贸易发展

如上一章所述，我国对外贸易中金额比重最大的是货物贸易，其次是服务贸易。本章集中分析我国的对外服务贸易，下一章重点分析我国的对外货物贸易。

一、我国对外服务贸易分类概述

对于货物贸易，国际上有较为成熟完善、广为接受的分类标准，但是对于服务贸易，则缺乏这样的分类标准。其一可能是由于服务贸易相对于货物贸易，金额小得多，因此不够受重视。其二可能是由于对于货物贸易来说，可以通过海关来对实物进行监管与统计，而服务贸易不是实物形式，在监管与统计上采用不同的方法，相对较为困难。其三可能是由于近些年出现了多种多样的服务贸易形式，如何对这些新型的服务贸易进行监管与统计，总体来说还处于探索阶段。本小节采用的是《中国统计年鉴 2023》所使用的分类标准。表 2-1 是我国 2022 年对外贸易中的服务进出口统计，其中最后一列数据由前两列数据计算得到。

表 2-1　我国 2022 年服务进出口分类金额

单位：亿美元

项目	出口	进口	净出口
总额	4240.6	4650.5	−409.9
运输	1448.9	1688.3	−239.4
旅行	95.8	1176.8	−1081.0

续表

项目	出口	进口	净出口
建筑	282.3	76.0	206.3
保险服务	44.6	208.8	−164.2
金融服务	50.8	37.5	13.3
电信、计算机和信息服务	861.5	380.3	481.2
知识产权使用费	132.7	444.3	−311.6
个人、文化和娱乐服务	17.8	26.1	−8.3
维护和维修服务	82.6	43.3	39.3
加工服务	208.7	8.3	200.4
其他商业服务	997.9	524.6	473.3
政府服务	16.8	36.1	−19.3

数据来源：《中国统计年鉴 2023》。

从表 2–1 可见，我国 2022 年服务进出口的最大项目是运输，该项既是出口的最大项，金额为 1448.9 亿美元，也是进口的最大项，金额为 1688.3 亿美元。

但是从第二大项起，出口与进口出现了不同。对于出口来说，第二大项是其他商业服务，金额为 997.9 亿美元，这是一个综合项。如果只考察单项，那么出口的第二大项是电信、计算机和信息服务，金额为 861.5 亿美元。对于进口来说，第二大项是旅行，金额为 1176.8 亿美元。作为综合项的其他商业服务只排第三，金额为 524.6 亿美元。

这种出口与进口在项目金额大小次序上的不同，在其后的项目中表现得更为明显。对于出口来说，继最大项运输、第二大项电信、计算机和信息服务之后，第三、第四、第五大项依次是建筑（282.3 亿美元）、加工服务（208.7 亿美元）、知识产权使用费（132.7 亿美元）。而进口的第三、第四、第五大项依次是知识产权使用费（444.3 亿美元），电信、计算机和信息服务（380.3 亿美元），保险服务（208.8 亿美元）。

正因为出口与进口的这些主要项目的不同，出现了相应的顺差与逆差。最大的逆差项是旅行，逆差为 1081.0 亿美元。旅行是进口的第二大项，但在出口项里不在前五项。旅行的进口金额是出口金额的十多倍。

第二大逆差项是知识产权使用费，逆差为 311.6 亿美元。知识产权使用费在出口与进口中都是前五名的大项，但进口金额比出口金额高几倍。

第三大逆差项是运输，逆差为 239.4 亿美元。运输的出口金额、进口金额都非常大，那么，即使出口金额、进口金额有微小幅度的变化，也可能带来较大的金额上的差别。

从顺差方面看，最大的顺差项是电信、计算机和信息服务，顺差为 481.2 亿美元。出口金额比进口金额高出一倍多。

第二大顺差项是建筑，顺差为 206.3 亿美元。出口金额是进口金额的 3 倍多。

第三大顺差项是加工服务，顺差为 200.4 亿美元。出口金额比进口金额大 20 多倍。

上面的数据都是对金额的统计，为了更全面地考察，计算表 2-1 中各项目的占比，如表 2-2 所示。

表 2-2 我国 2022 年服务进出口分类占比

单位：%

项目	出口	进口	净出口
总计	100	100	100
运输	34.2	36.3	58.4
旅行	2.3	25.3	263.7
建筑	6.7	1.6	−50.3
保险服务	1.1	4.5	40.1
金融服务	1.2	0.8	−3.2
电信、计算机和信息服务	20.3	8.2	−117.4
知识产权使用费	3.1	9.6	76.0
个人、文化和娱乐服务	0.4	0.6	2.0
维护和维修服务	1.9	0.9	−9.6
加工服务	4.9	0.2	−48.9
其他商业服务	23.5	11.3	−115.5
政府服务	0.4	0.8	4.7

数据来源：根据表 2-1 计算得到。

从表 2-1 和表 2-2 可以看到，在我国 2022 年的服务进出口中，不论是出口还是进口，运输都占据了三分之一以上的份额，都是绝对的最大项目。但是运输的出口与进口金额非常接近，反映在净出口上，运输的逆差仅占全部服务贸易逆差总额的 58.4%。旅行虽然仅占出口的 2.3%、进口的 25.3%，但旅行的逆差却是全部服务贸易逆差总额的 263.7%，远远超过运输所形成的逆差。

此外，知识产权使用费、保险服务都是逆差的主要项目，分别占逆差总额的 76.0%、40.1%。而电信、计算机和信息服务，建筑，加工服务则是主要的顺差项目，分别相当于逆差总额的 117.4%、50.3%、48.9%。

上述对各项目的考察，只考察了各单项，没有考察"其他商业服务"这个项目，它是一个综合项，是一个金额比较大的项目。

在对各单项的考察中可以看到，金融服务，个人、文化和娱乐服务，政府服务，从出口、进口、净出口这三者中的任何一个角度看，都是金额比较小的项目。

二、我国与部分国家的服务贸易

我国的对外服务贸易主要发生于我国与北美洲、亚洲、欧洲的国家之间，我国与其他国家的服务贸易相对较少。下文考察我国与北美洲、亚洲、欧洲的代表性国家之间的服务贸易。

在选取国家时，一方面考虑的是该国的代表性，例如该国的经济比较发达，或人口比较多，或与我国有较多的贸易交往。在选取国家时还有一个重要考虑，就是数据的可获得性。例如，有的国家较为发达，与我国的服务贸易也较多，但是从 WTO 数据库里难以获得相应的数据。对于这种情况，可以考虑从别的途径获得相关数据。但是为了保持数据的可比性，本小节的所有数据均取自 WTO 数据库，不从别的途径获取。那么，如果 WTO 数据库里缺乏相应的数据，那么该国就不予考察了。

（一）中国与北美洲国家的服务贸易

中国与北美洲国家的服务贸易，主要是与美国的服务贸易。下面以美国为代表考察中国与北美洲的服务贸易。

相对于货物贸易，中美之间服务贸易的数据较为缺乏，即使是在有数据的年份，也可能缺少其中某些项目的数据。

1. 中国从美国进口服务

在中国与美国的服务贸易中，相对于中国向美国出口而言，中国从美国进口的数据相对较全。下面从中国从美国进口服务开始分析。表2-3中2006年、2015年和2016年三年的占比分别是三年各项目占该年S-服务总额的比重。

表2-3 中国从美国进口服务（2006年、2015年和2016年）

项目	2006年/百万美元	占比/%	2015年/百万美元	占比/%	2016年/百万美元	占比/%
SOX-商业服务	9933	99.1	46255	98.8		
SB-维护和维修服务	250	2.5	1308	2.8	1449	2.7
SC-运输	2445	24.4	5049	10.8	5136	9.6
SD-旅行	2908	29.0	24906	53.2	29125	54.5
SOX1-其他商业服务	4330	43.2	14992	32.0		0.0
SE-建筑	75	0.7		0.0		0.0
SF-保险与养老金服务	48	0.5	325	0.7	653	1.2
SG-金融服务	706	7.0	3448	7.4	3697	6.9
SH-知识产权使用费	1521	15.2	5594	11.9	6778	12.7
SI-电信、计算机和信息服务	223	2.2	883	1.9	1002	1.9
SJ-其他商务服务	1692	16.9	3912	8.4	3809	7.1
SK-个人、文化和娱乐服务	66	0.7	830	1.8	1231	2.3
S-备注：服务总额	10028	100.0	46824	100.0	53396	100.0
SPX1-备注：其他服务	4425	44.1	15561	33.2	17686	33.1
SL-备注：政府商品与服务	95	0.9	569	1.2		

数据来源：根据WTO网站 https://stats.wto.org/ 数据整理、计算得到。

表2-3各项之间的关系有些复杂，先对此进行简要说明。

（1）第1行SOX-商业服务包括下面的SA-加工服务（在表2-3及下

面的表2-4中，SA-加工服务缺项）、SB-维护和维修服务、SC-运输、SD-旅行各项，以及SOX1-其他商业服务。而SOX1-其他商业服务包括下面的SE至SK等项。SOX-商业服务，加上最下面一行的SL-政府商品与服务，成为S-服务总额（为了行文简洁，下文对于标记项目的字母后面的汉字名称予以省略）。

（2）在有些年份，数据不全。例如，缺少SE到SK中的某项数据，这时就难以对SOX1进行统计，从而可能无法统计SOX，上述求S-服务总额的关系式可能不再成立。如果SA、SB、SC、SD中有缺项，那么上述加总也可能不成立。

（3）在SOX1数据不存在的情况下，或者SA、SB、SC、SD有缺项的情况下，如果可以获得SOX，那么SOX加SL，依然等于S。

（4）在SOX1下面的项目出现缺项的情况下，可以考虑用前面的SA、SB、SC、SD各项，加上SPX1-其他服务，得到S-服务总额。

（5）在缺项严重的少数情况下，S-服务总额难以由上述各项加总获得。

可以看出，表2-3的项目划分与前一节《中国统计年鉴》中服务进出口的项目划分很相似，大部分项目的名称是相同的或近似的。但是在加总关系上，表2-3与上一节的两个表显然是不同的。

此外，表2-3是简化后的加总表，或者说表中的大多数项都包含若干一级子项、二级子项，甚至三级子项。表2-3及本节以后的各表，或者是由于缺乏子项数据，或者是为了节省篇幅，没有列出各子项的内容。例如，在SC-运输下，有海运、空运、铁路运输、公路运输、内陆水运、邮政运输等一级子项，在一级子项下又分客运、货运等二级子项。在SD-旅行下，有教育、健康、商业、个人、旅游等子项。

2006年，中国从美国进口服务总额为100亿美元，对照表3-5（a）2005年中国从美国进口货物总额486亿美元，前者是后者的20.6%。也就是说，中国从美国的进口，货物占绝大部分，服务较少。在中国从美国进口的服务中，SD-旅行是最大项，占29.0%，其次是SC-运输，占24.4%。SD-旅行与SC-运输两者合起来占了全部服务贸易的一大半。SH-知识产权使用费也是大项，占15.2%。

第二章 我国对外服务贸易发展与转型升级

到 2015 年,中国从美国进口服务的总额增加到 468 亿美元,是 2006 年的 4.7 倍。其中,SD-旅行占比 53.2%。SC-运输占比降低为 10.8%,从而掉落为第三大项。SH-知识产权使用费占 11.9%,跃升为第二大项。

到 2016 年,中国从美国进口的服务总额进一步上升为 534 亿美元,比前一年增长了 14%。主要项目的格局与前一年大致相同。

到了中美发生严重贸易摩擦的 2019 年、2022 年,情况有所改变,如表 2-4 所示。

表 2-4 中国从美国进口服务(2019 年、2022 年)

项目	2019 年 / 百万美元	占比 /%	2022 年 / 百万美元	占比 /%
SOX-商业服务	58994	99.2	41035	98.9
SB-维护和维修服务	1395	2.3	745	1.8
SC-运输	5526	9.3	3487	8.4
SD-旅行	30950	52.0	13854	33.4
SOX1-其他商业服务	21123	35.5	22949	55.3
SE-建筑	52	0.1	6	0.0
SF-保险与养老金服务	305	0.5	280	0.7
SG-金融服务	4993	8.4	4234	10.2
SH-知识产权使用费	9168	15.4	8381	20.2
SI-电信、计算机和信息服务	1623	2.7	2362	5.7
SJ-其他商务服务	3806	6.4	5559	13.4
SK-个人、文化和娱乐服务	1177	2.0	2129	5.1
S-备注:服务总额	59494	100.0	41494	100.0
SPX1-备注:其他服务	21623	36.3	23408	56.4
SL-备注:政府商品与服务	500	0.8	459	1.1

数据来源:根据 WTO 网站 https://stats.wto.org/ 数据整理、计算得到。

在 2019 年,中国从美国进口服务的总额为 595 亿美元,比 2016 年增长了 11.4%。回顾前面的计算,从 2015 年到 2016 年,仅仅 1 年就增长了 14%,而从 2016 年到 2019 年,3 年才增长了 11.4%。从金额看,从 2015 年到 2016 年,1 年间增加了 65.7 亿美元,而从 2016 年到 2019 年有 3 年的时间，仅增加了 61 亿美元。应该说，中美贸易摩擦对中美贸易具有较为明显的抑制作用。

到 2022 年，中美贸易摩擦的不利影响更为明显。中国从美国进口服务的总额仅为 415 亿美元，不仅低于前几年，甚至低于 2015 年。SD-旅行占比降低为 33.4%，金额从 2019 年的 309.5 亿美元降低为 138.5 亿美元，降低了一大半。SH-知识产权使用费占比上升为 20.2%，但这是由于其余各项交易额降低，而不是由于该项交易额增加。实际上，SH-知识产权使用费的进口额从 2019 年的 91.7 亿美元降低为 2022 年的 83.8 亿美元。

2. 中国向美国出口服务

以上是从中国从美国进口服务的角度进行的简要分析，下面从相反的方向，即从中国向美国出口服务的角度进行分析。在 WTO 数据库中，近 15 年里只有 2015 年、2016 年有我国向美国出口服务的数据，结合前面的进口数据，可以计算得到相应的净出口数据。具体如表 2-5 所示。

表 2-5 中国向美国出口服务

单位：百万美元

项目	2015 年 出口	2015 年 进口	2015 年 净出口	2016 年 出口	2016 年 进口	2016 年 净出口
SOX-商业服务	33086	46255	-13169	31220		
SA-加工服务	633			669		
SB-维护和维修服务	451	1308	-857	1149	1449	-300
SC-运输	7530	5049	2481	4246	5136	-890
SD-旅行	4698	24906	-20208	6101	29125	-23024
SOX1-其他商业服务	19774	14992	4782	19054		19054
SE-建筑	203			191		191
SF-保险与养老金服务	398	325	73	194	653	-459
SG-金融服务	243	3448	-3205	248	3697	-3449
SH-知识产权使用费	281	5594	-5313	153	6778	-6625
SI-电信、计算机和信息服务	6493	883	5610	6604	1002	5602
SJ-其他商务服务	12060	3912	8148	11584	3809	7775

续表

项目	2015年 出口	进口	净出口	2016年 出口	进口	净出口
SK-个人、文化和娱乐服务	95	830	-735	81	1231	-1150
S-备注：服务总额	33152	46824	-13672	31296	53396	-22100
SPX1-备注：其他服务	19840	15561	4279	19130	17686	1444
SL-备注：政府商品与服务	65	569	-504	75		

数据来源：根据WTO网站 https://stats.wto.org/ 数据整理、计算得到。

可以看到，表2-5有较多的缺项，这里只做简单的分析。

在2015年，中国向美国出口了331.5亿美元的服务，该年中国从美国进口了468.2亿美元的服务，两相比较，中国的逆差为136.7亿美元。其中，最大的逆差项为SD-旅行，逆差为202.1亿美元。SH-知识产权使用费、SG-金融服务，也是中国较大的逆差项。

在2016年，中国向美国出口了313亿美元的服务，比前一年有所下降。逆差为221亿美元，比前一年增长了62%。这一方面是由于出口减少，更主要的是由于进口增加很多。该年的出口、逆差格局，与前一年大致相同。

（二）中国与亚洲国家的服务贸易

下文以日本、韩国为代表，考察中国与亚洲国家的服务贸易。

1. 中国与日本的服务贸易

日本是亚洲发达国家，和中国有很多贸易往来。

（1）首先考察近些年中国从日本进口服务的情况。从WTO数据库检索到的数据如表2-6所示。

表2-6 中国从日本进口服务

单位：百万美元

项目	2014年	2015年	2016年	2017年
SOX-商业服务	16375	19684	20722	22669
SA-加工服务	23	11	11	5
SB-维护和维修服务	44	40	55	61
SC-运输	4567	4078	3844	4288

续表

项目	2014 年	2015 年	2016 年	2017 年
SD- 旅行	5336	9265	10264	11020
SOX1- 其他商业服务	6406	6289	6549	7295
SE- 建筑	72	81	96	82
SF- 保险与养老金服务	76	69	67	63
SG- 金融服务	152	176	167	148
SH- 知识产权使用费	4299	4047	4126	4753
SI- 电信、计算机和信息服务	146	157	269	370
SJ- 其他商务服务	1646	1700	1729	1771
SK- 个人、文化和娱乐服务	15	58	94	108
S- 备注：服务总额	16448	19773	20851	22796
SPX1- 备注：其他服务	6478	6378	6678	7422
SL- 备注：政府商品与服务	73	89	129	127
项目	2018 年	2019 年	2020 年	2021 年
SOX- 商业服务	25967	28994	15289	14880
SA- 加工服务	7	8	20	13
SB- 维护和维修服务	82	129	161	104
SC- 运输	3672	3137	2441	2908
SD- 旅行	14341	16841	3919	1990
SOX1- 其他商业服务	7865	8879	8750	9865
SE- 建筑	52	71	36	55
SF- 保险与养老金服务	93	83	91	89
SG- 金融服务	202	345	556	466
SH- 知识产权使用费	5381	5739	5357	6607
SI- 电信、计算机和信息服务	281	529	681	332
SJ- 其他商务服务	1823	1938	1900	2201
SK- 个人、文化和娱乐服务	32	173	130	114
S- 备注：服务总额	26110	29197	15359	14898
SPX1- 备注：其他服务	8008	9082	8819	9882
SL- 备注：政府商品与服务	143	203	70	18

数据来源：WTO 网站 https://stats.wto.org/。

第二章　我国对外服务贸易发展与转型升级

首先考察 2014 年的进口服务。在该年我国从日本进口的 164.48 亿美元服务中，SOX- 商业服务占了绝大部分，为 163.75 亿美元，占比为 99.56%。SL- 政府商品与服务只有 0.73 亿美元。

在中国从日本进口的 SOX- 商业服务中，SOX1- 其他商业服务最多，为 64.06 亿美元，占 S- 服务总额的 38.9%。在该部分中，最大的项目是 SH- 知识产权使用费，金额为 42.99 亿美元，占 S- 服务总额的 26.1%。其次是 SJ- 其他商务服务，金额为 16.46 亿美元，占 S- 服务总额的 10.0%。

除去 SOX1- 其他商业服务外，较大的两项分别是 SC- 运输、SD- 旅行，金额分别为 45.67 亿美元、53.36 亿美元，占 S- 服务总额的比重分别为 27.8%、32.4%。

在我国从日本进口的各服务中，SA- 加工服务、SB- 维护和维修服务、SE- 建筑、SF- 保险与养老金服务以及 SK- 个人、文化和娱乐服务，金额都很小，都在 1 亿美元以下。SG- 金融服务与 SI- 电信、计算机和信息服务略高一点，但也分别只有 1.52 亿美元、1.46 亿美元。

现在对不同年份进行纵向比较。首先考察 S- 服务总额。可以看到，从 2014 年的 164.48 亿美元到 2019 年的 291.97 亿美元，S- 服务总额是在逐年增加的，短短 5 年增长了 77.5%。但是在 2020 年发生了断崖式下降，从 2019 年的 291.97 亿美元下降到 2020 年的 153.59 亿美元，下降了 47.4%。这时的金额已经低于 2014 年的 164.48 亿美元。然后在 2021 年继续下降，为 148.98 亿美元。

在各项目中，SL- 政府商品与服务虽然金额很小，但变化幅度很大。从 2014 年的 0.73 亿美元增加到 2019 年的 2.03 亿美元，然后断崖式下降到 2020 年的 0.70 亿美元，然后再次断崖式下降到 2021 年的 0.18 亿美元。

SOX- 商业服务的变化情况与 S- 服务总额的变化情况基本相同。这容易理解，因为服务进口的绝大部分是商业服务。

SOX- 商业服务中的 SOX1- 其他商业服务从 2014 年到 2019 年在不断上升，从 64.06 亿美元上升到 88.79 亿美元，上升幅度为 38.6%。但是从 2019 年到 2020 年，SOX1- 其他商业服务并没有如同 S- 服务总额和 SOX- 商业服务那样断崖式下降，而是只有微小下降，从 88.79 亿美元下降到 87.50 亿

35

美元，下降幅度约1%。特别值得注意的是，从2020年到2021年，SOX1-其他商业服务不仅没有继续下降，反而上升到98.65亿美元，上升幅度高达12.7%。结果，SOX1-其他商业服务在2021年的金额成为2014年以来的最高值。

在SOX1-其他商业服务中，金额较大并且上升的是SH-知识产权使用费。该项在不同年份有升有降，总的趋势是在不断上升，从2014年的42.99亿美元上升到2021年的66.07亿美元，上升幅度高达53.7%。在SOX1-其他商业服务中，SJ-其他商务服务在不同年份也是有升有降，总的趋势也是在不断上升，从2014年的16.46亿美元上升到2021年的22.01亿美元，上升幅度为33.7%。在SOX1-其他商业服务中，SG-金融服务在不同年份有升有降，但总的趋势也是在显著上升，从2014年的1.52亿美元上升到2021年的4.66亿美元，不过该项的金额总的来说不高。

在SOX-商业服务中，影响比较大的下降项是SC-运输和SD-旅行。SC-运输在2014年到2021年期间有升有降，但基本趋势是逐渐下降，从2014年的45.67亿美元下降到2021年的29.08亿美元，下降幅度为36.3%。SD-旅行从2014年到2019年不断上升，从53.36亿美元上升到168.41亿美元，上升幅度高达216%。但是从2019年到2020年剧烈下降，从168.41亿美元下降到39.19亿美元，下降幅度高达76.7%。然后继续剧烈下降，2021年为19.90亿美元，比2020年下降49.2%。对于SD-旅行从2019年到2020年以及其后的2021年的剧烈下降，可以认为是由于2020年初出现了新冠疫情。

（2）下面考察中国向日本出口服务的情况。遗憾的是，在近15年中，仅能下载到2015年、2016年这两年的数据。具体如表2-7所示。

表2-7 中国向日本出口服务

单位：百万美元

项目	2015年 出口	2015年 净出口	2016年 出口	2016年 净出口
SOX-商业服务	11726	-7958	11439	-9283
SA-加工服务	1573	1562	1411	1400

续表

项目	2015年 出口	2015年 净出口	2016年 出口	2016年 净出口
SB-维护和维修服务	353	313	376	321
SC-运输	1737	-2341	1513	-2331
SD-旅行	1389	-7876	1446	-8818
SOX1-其他商业服务	6674	385	6693	144
SE-建筑	101	20	139	43
SF-保险与养老金服务	80	11	60	-7
SG-金融服务	45	-131	69	-98
SH-知识产权使用费	20	-4027	32	-4094
SI-电信、计算机和信息服务	1403	1246	1512	1243
SJ-其他商务服务	5006	3306	4864	3135
SK-个人、文化和娱乐服务	18	-40	17	-77
S-备注：服务总额	11768	-8005	11501	-9350
SPX1-备注：其他服务	6716	338	6756	78
SL-备注：政府商品与服务	42	-47	62	-67

数据来源：根据WTO网站https://stats.wto.org/数据整理、计算得到。

从表2-7可以看出，在2015年我国向日本出口服务的总额117.68亿美元中，SOX-商业服务占了绝大多数，为117.26亿美元，SL-政府商品与服务只有微小的0.42亿美元。

在SOX-商业服务中，SOX1-其他商业服务为66.74亿美元，占SOX-商业服务的57%。在SOX1-其他商业服务中，SJ-其他商务服务为50.06亿美元，占SOX1-其他商业服务的75%。其次为SI-电信、计算机和信息服务，金额为14.03亿美元，占SOX1-其他商业服务的21%。SI-电信、计算机和信息服务与SJ-其他商务服务这两项占了SOX1-其他商业服务的96%。

除了SOX1-其他商业服务外，SOX-商业服务主要包括SA-加工服务、SC-运输、SD-旅行，分别是15.73亿美元、17.37亿美元、13.89亿美元，这三项之和占S-服务总额的40%。

2016年我国向日本出口服务各项目的金额、各项目在全部总额中的占比，与 2015 年基本相同。

现在考察 2015 年的净出口，可以看出该年 S- 服务总额逆差为 80.05 亿美元，其中主要是 SOX- 商业服务逆差，金额为 79.58 亿美元，少量是 SL- 政府商品与服务逆差，金额为 0.47 亿美元。

最大的逆差项目为 SD- 旅行，金额为 78.76 亿美元，几乎相当于总的逆差金额。其次为 SH- 知识产权使用费，逆差为 40.27 亿美元，占逆差总额的 50.3%。再其次的逆差项目为 SC- 运输，逆差为 23.41 亿美元，占逆差总额的 29.2%。

最大的顺差项目为 SJ- 其他商务服务，金额为 33.06 亿美元，其次为 SA- 加工服务与 SI- 电信、计算机和信息服务，顺差分别为 15.62 亿美元、12.46 亿美元。

在 2016 年，S- 服务总额逆差明显增大，为 93.50 亿美元，比 2015 年增加了 13.45 亿美元，增长幅度为 16.8%。在增加的逆差总额中，主要来自 SD- 旅行，其增加了 9.42 亿美元的逆差。

2. 中国与韩国的服务贸易

（1）WTO 数据库里有 2010 年至 2021 年我国从韩国进口服务的统计，但是每年都有缺项，尤其是从 2019 年起缺项更为严重。为节省篇幅，下面只列出最早的 2010 年、2011 年的统计，后面用来与中国向韩国出口服务相对比的 2015 年、2016 年的统计，以及数据最新的 2018 年至 2021 年的统计。具体如表 2-8 所示。

表 2-8　中国从韩国进口服务

单位：百万美元

项目	2010 年	2011 年	2015 年	2016 年
SOX- 商业服务	12877	12989	20714	20440
SA- 加工服务	290	221	249	192
SC- 运输	8496	7332	7396	5606
SD- 旅行	2170	2900	9141	10164
SOX1- 其他商业服务	2182	2729	3928	4478
SF- 保险与养老金服务	53	29	44	42

续表

项目	2010年	2011年	2015年	2016年
SH-知识产权使用费	1090	1290	1827	1851
SI-电信、计算机和信息服务	101	129	313	302
SJ-其他商务服务	483	675	1153	1502
S-备注：服务总额	12899	13019	20822	20542
SPX1-备注：其他服务	2204	2759	4035	4579
SL-备注：政府商品与服务	22	30	108	101

项目	2018年	2019年	2020年	2021年
SOX-商业服务	20932	20252	16639	23444
SA-加工服务	194	118	222	441
SC-运输	5809	5237	5930	11090
SD-旅行	8803	8899	5428	6461
SOX1-其他商业服务	6328			
SF-保险与养老金服务	49	32	36	49
SH-知识产权使用费	2606	2032	1893	1507
SI-电信、计算机和信息服务	341	405	969	1705
SJ-其他商务服务	2102	2247	1325	1500
S-备注：服务总额	21021	20338	16662	23463
SPX1-备注：其他服务	6417			
SL-备注：政府商品与服务	89	87	23	19

数据来源：WTO 网站 https://stats.wto.org/。

2010 年中国从韩国进口服务的总额为 128.99 亿美元，其中绝大部分为 SOX-商业服务，金额为 128.77 亿美元，SL-政府商品与服务仅为 0.22 亿美元。

在 SOX-商业服务中，最大项是 SC-运输，金额为 84.96 亿美元，占 66%。SD-旅行、SOX1-其他商业服务的金额差不多，前者为 21.70 亿美元，后者为 21.82 亿美元，均约占 SOX-商业服务的 17%。

在 SOX1-其他商业服务中，一半为 SH-知识产权使用费，金额为 10.90 亿美元，22% 是 SJ-其他商务服务，金额为 4.83 亿美元。其他项目，金额较小。

现在考察最后一个数据较为完整的年份，2018年。该年的S-服务总额为210.21亿美元，比2010年增加了81.22亿美元，增长幅度为63%。

在S-服务总额中，SL-政府商品与服务的增长幅度比较大，但金额比较小，虽然2018年SL-政府商品与服务的金额是2010年的4倍多，但2018年仅有0.89亿美元。S-服务总额的增加主要来自SOX-商业服务，2018年为209.32亿美元，比2010年增加了80.55亿美元。

SOX-商业服务的增加主要来自SD-旅行，2018年比2010年增加了66.33亿美元，增加了3倍多。

SOX-商业服务的第二大项为SOX1-其他商业服务，2018年比2010年增加了41.46亿美元，几乎增加了2倍。在SOX1-其他商业服务中，金额增加比较大的项目是SH-知识产权使用费、SJ-其他商务服务，分别增加了15.16亿美元、16.19亿美元，但是增长幅度不一样，前者2018年比2010年增长了139%，后者增长了335%，显然SJ-其他商务服务比SH-知识产权使用费增长得更快。

值得注意的是，2018年出现了金额明显降低的项目：2018年的SC-运输为58.09亿美元，与2010年相比，降低了26.87亿美元，降低幅度为32%。

现在考察数据不完整的2019年至2021年。可以看到，在这3年里都没有非常重要的SOX1-其他商业服务的统计数据，也没有SPX1-其他服务的统计数据。此外，前面各年的缺项在这3年里依然是缺项。

从S-服务总额来看，2019年比2018年有小幅下降，然后在2020年大幅度下降，从2019年的203.38亿美元下降到2020年的166.62亿美元，下降幅度为18%。然后到了2021年又猛烈上升到234.63亿美元，上升幅度为41%。

从仅有的数据看，其他项的数据在这几年间也往往跌宕起伏，缺乏规律。

（2）现在考察我国向韩国出口服务的情况。在WTO数据库中，近15年里只可以下载到2015年、2016年我国向韩国出口服务的数据。具体如表2-9所示。

表 2-9　中国向韩国出口服务

单位：百万美元

项目	2015 年 出口	2015 年 净出口	2016 年 出口	2016 年 净出口
SOX- 商业服务	10852	-9862	10606	-9834
SA- 加工服务	4331	4082	3905	3713
SB- 维护和维修服务	78		94	
SC- 运输	1900	-5496	1868	-3738
SD- 旅行	2323	-6818	2504	-7660
SOX1- 其他商业服务	2220	-1708	2234	-2244
SE- 建筑	172		76	
SF- 保险与养老金服务	79	35	67	25
SG- 金融服务	46		45	
SH- 知识产权使用费	17	-1810	98	-1753
SI- 电信、计算机和信息服务	433	120	458	156
SJ- 其他商务服务	1444	291	1459	-43
SK- 个人、文化和娱乐服务	28		31	
S- 备注：服务总额	10925	-9897	10704	-9838
SPX1- 备注：其他服务	2292	-1743	2332	-2247
SL- 备注：政府商品与服务	73	-35	98	-3

数据来源：根据 WTO 网站 https：//stats.wto.org/ 数据整理、计算得到。

2015 年我国向韩国出口服务的总额为 109.25 亿美元，其中绝大部分为 SOX- 商业服务，金额为 108.52 亿美元，SL- 政府商品与服务仅为 0.73 亿美元。

在 SOX- 商业服务中，最大项为 SA- 加工服务，金额为 43.31 亿美元，占 SOX- 商业服务的 40%。其后三项为 SD- 旅行、SOX1- 其他商业服务、SC- 运输，金额分别为 23.23 亿美元、22.20 亿美元、19.00 亿美元，这三者之和占 SOX- 商业服务的 59%。

在 SOX1- 其他商业服务中，最大的项目为 SJ- 其他商务服务，金额为 14.44 亿美元。其次是 SI- 电信、计算机和信息服务与 SE- 建筑，金额分别为4.33亿美元、1.72亿美元。其他各项目金额较小，都小于1亿美元。

2016年我国向韩国出口服务的总额比2015年减少了2.21亿美元，主要原因是SA-加工服务减少了4.26亿美元，此外SD-旅行增加了1.81亿美元。别的项目变化很小。

现在考察净出口的情况。由于2015年、2016年中国从韩国进口服务的数据存在多个缺项，与中国向韩国出口服务的数据难以对接，因此对这两年的净出口仅做最基本的考察。

2015年S-服务总额为逆差，逆差额为98.97亿美元，几乎全部来自SOX-商业服务。具体来说，最主要的逆差来自SC-运输、SD-旅行，逆差额分别为54.96亿美元、68.18亿美元，分别占S-服务总额逆差的55.5%、68.9%。其次的逆差项为SH-知识产权使用费，逆差额为18.10亿美元，占S-服务总额逆差的18.3%。

2015年主要的顺差项是SA-加工服务，顺差额为40.82亿美元，相当于S-服务总额逆差的41%。SJ-其他商务服务也是顺差项，但金额较小，只有2.91亿美元。其他各顺差项、逆差项的金额都比较小。

2016年S-服务总额的净出口与2015年几乎相同，但有些项目变动较大。其中，2016年SC-运输的净出口比2015年增加了17.58亿美元，主要是因为2016年SC-运输的进口比2015年减少了17.90亿美元。

2016年与2015年相比，SD-旅行的净出口减少了8.42亿美元，主要是因为SD-旅行的进口增加了10.23亿美元。SA-加工服务的净出口减少了3.69亿美元，主要是因为出口减少了4.26亿美元。SJ-其他商务服务净出口减少了3.34亿美元，主要是因为进口增加了3.49亿美元。其他项的净出口金额的变动较小。

（三）中国与欧洲国家的服务贸易

下文以德国、法国为代表，考察中国与欧洲国家的服务贸易。

1. 中国与德国的服务贸易

德国是欧洲大国，也是目前欧洲GDP最高的国家，与我国的贸易交往非常密切。

（1）首先考察我国从德国进口服务的情况。WTO 数据库中有 2010 年到 2021 年每一年我国从德国进口服务的金额统计，为节省篇幅，本书只列出早期 2010 年、2011 年的数据，与后面中国向德国出口服务进行对比的 2015 年、2016 年的数据，最后一个完整数据年 2017 年及其后的 2018 年的数据，以及最后的 2020 年、2021 年的数据，其余年份我国从德国进口服务的数据没有列出。具体如表 2-10 所示。

表 2-10　中国从德国进口服务

单位：百万美元

项目	2010 年	2011 年	2015 年	2016 年
SOX- 商业服务	5213	6873	13866	14641
SA- 加工服务	30	38	55	
SB- 维护和维修服务	93	90	107	113
SC- 运输	1865	2081	2355	2437
SD- 旅行		1232	3319	3288
SOX1- 其他商业服务		3433	8030	8803
SE- 建筑			48	30
SF- 保险与养老金服务	8	7	55	
SG- 金融服务	69	152	314	213
SH- 知识产权使用费	533	935	2916	3755
SI- 电信、计算机和信息服务	290	415	767	701
SJ- 其他商务服务	1641	1922	3877	4060
SK- 个人、文化和娱乐服务	8	1	53	45
S- 备注：服务总额	5247	6914	13909	14689
SPX1- 备注：其他服务		3473	8073	8851
SL- 备注：政府商品与服务	34	40	43	48
项目	2017 年	2018 年	2020 年	2021 年
SOX- 商业服务	16080	19502		
SA- 加工服务	17			
SB- 维护和维修服务	130			
SC- 运输	2634	3198	3189	6148

43

续表

项目	2017年	2018年	2020年	2021年
SD-旅行	3137			
SOX1-其他商业服务	10161			
SE-建筑	46			
SF-保险与养老金服务	85	53	18	14
SG-金融服务	243	252	214	183
SH-知识产权使用费	4312			7785
SI-电信、计算机和信息服务	885	1122	1405	1746
SJ-其他商务服务	4558	5625	5641	5817
SK-个人、文化和娱乐服务	33			20
S-备注：服务总额	16118	19561		22608
SPX1-备注：其他服务	10200			
SL-备注：政府商品与服务	38	59	42	

数据来源：WTO网站 https://stats.wto.org/。

引人注目的是，从2018年起数据缺失严重（没有列出的2019年的数据缺失情况比其余年份更严重）。更引人注目的是，在2018年、2021年数据缺失严重的情况下，却存在S-服务总额的统计数据。此外，2010年缺乏SOX1-其他商业服务的统计数据。为了尽可能地保持数据的可比性，下文主要考察数据较为完整的2011年至2017年。

2011年我国从德国进口服务的总额为69.14亿美元，其中主要是SOX-商业服务，金额为68.73亿美元，占全部进口的99.4%。SL-政府商品与服务仅为0.40亿美元，相对于S-服务总额，可谓微不足道。

在SOX-商业服务中，SOX1-其他商业服务占50%，金额为34.33亿美元。在SOX1-其他商业服务中，SJ-其他商务服务占56%，金额为19.22亿美元。SOX1-其他商业服务的第二大项为SH-知识产权使用费，金额为9.35亿美元，占SOX1-其他商业服务的27%。SI-电信、计算机和信息服务虽然是SOX1-其他商业服务的第三大项，但只有4.15亿美元，占SOX1-其他商业服务的12%。

除了SOX1-其他商业服务，SOX-商业服务主要有两个大项，即SC-运输、SD-旅行，金额分别为20.81亿美元、12.32亿美元，分别占SOX-商业服务的30%、18%。

其他项目如SA-加工服务、SB-维护和维修服务、SF-保险与养老金服务、SG-金融服务以及SK-个人、文化和娱乐服务，金额都比较小。其中金额最大的项目为1.52亿美元，金额小的项目仅有0.01亿美元。

现在对不同年份进行纵向比较。从2011年到2017年，S-服务总额从69.14亿美元增加到了161.18亿美元，上升了133%，增加的金额为92.04亿美元。上述增加全部来自SOX-商业服务的增加，SOX-商业服务从68.73亿美元增加到160.80亿美元，而SL-政府商品与服务在这期间不仅没有增加，甚至还有微小的降低。

在S-服务总额增加的92.04亿美元中，67.28亿美元来自SOX1-其他商业服务，占73%。在SOX1-其他商业服务的增加额中，大部分来自SH-知识产权使用费，从9.35亿美元增加到43.12亿美元，增加了33.77亿美元。其次是SJ-其他商务服务，从19.22亿美元增加到45.58亿美元，增加了26.36亿美元。SI-电信、计算机和信息服务也有一定的增加，从4.15亿美元增加到8.85亿美元，增加了4.70亿美元。

除了SOX1-其他商业服务，SOX-商业服务中增加最多的是SD-旅行，从12.32亿美元增加到31.37亿美元，增加了19.05亿美元。SC-运输也有一定的增加，从20.81亿美元增加到26.34亿美元，增加了5.53亿美元。

其他项目如SA-加工服务、SB-维护和维修服务、SE-建筑、SF-保险与养老金服务、SG-金融服务以及SK-个人、文化和娱乐服务，增加得不多，甚至个别项目还有微小下降。

（2）下面对我国向德国出口服务的情况进行考察。具体如表2-11所示。

表2-11 中国向德国出口服务

单位：百万美元

项目	2015年 出口	2015年 净出口	2016年 出口	2016年 净出口
SOX-商业服务	7673	-6193	7952	-6689
SA-加工服务	82	27	84	84

续表

项目	2015 年 出口	2015 年 净出口	2016 年 出口	2016 年 净出口
SB- 维护和维修服务	1009	902	628	515
SC- 运输	1051	-1304	992	-1445
SD- 旅行	831	-2488	813	-2475
SOX1- 其他商业服务	4700	-3330	5435	-3368
SE- 建筑	85	37	89	59
SF- 保险与养老金服务	32	-23	102	102
SG- 金融服务	25	-289	24	-189
SH- 知识产权使用费	13	-2903	13	-3742
SI- 电信、计算机和信息服务	557	-210	827	126
SJ- 其他商务服务	3966	89	4352	292
SK- 个人、文化和娱乐服务	22	-31	27	-18
S- 备注：服务总额	7678	-6231	7964	-6725
SPX1- 备注：其他服务	4706	-3367	5448	-3403
SL- 备注：政府商品与服务	5	-38	13	-35

数据来源：根据 WTO 网站 https://stats.wto.org/ 数据整理、计算得到。

在 WTO 数据库中，近 15 年里只能下载到 2015 年、2016 年我国向德国出口服务的数据。2015 年我国向德国出口服务的总额为 76.78 亿美元，其中绝大部分为 SOX- 商业服务，金额为 76.73 亿美元，SL- 政府商品与服务只有 0.05 亿美元。

在 SOX- 商业服务中，SOX1- 其他商业服务占了 61.3%，金额为 47.00 亿美元。在 SOX1- 其他商业服务中，SJ- 其他商务服务占 84.4%，金额为 39.66 亿美元。SOX1- 其他商业服务的第二大项为 SI- 电信、计算机和信息服务，但只有 5.57 亿美元，占 SOX1- 其他商业服务的 11.9%。

除了 SOX1- 其他商业服务，SOX- 商业服务的大项主要有 SB- 维护和维修服务、SC- 运输、SD- 旅行，金额分别为 10.09 亿美元、10.51 亿美元、8.31 亿美元。

其他各项目如 SA- 加工服务、SE- 建筑、SF- 保险与养老金服务、SG-

金融服务、SH-知识产权使用费以及SK-个人、文化和娱乐服务，金额都小于1亿美元，其中金额最小的只有0.13亿美元。

2016年我国向德国出口服务的总额为79.64亿美元，比2015年增加了2.86亿美元，增长幅度为3.7%。在各项目中，SB-维护和维修服务为6.28亿美元，比2015年减少了3.81亿美元。SI-电信、计算机和信息服务为8.27亿美元，比2015年增加了2.70亿美元。SJ-其他商务服务为43.52亿美元，比2015年增加了3.86亿美元。其他各项变化不大。

现在考察2015年、2016年的净出口。在2015年有逆差62.31亿美元，主要来自SOX-商业服务，SL-政府商品与服务的逆差为0.38亿美元。

在SOX-商业服务的逆差中，53.8%来自SOX1-其他商业服务，逆差额为33.30亿美元。其中主要来自SH-知识产权使用费，逆差额为29.03亿美元。SG-金融服务与SI-电信、计算机和信息服务也有少量逆差，分别为2.89亿美元、2.10亿美元。

除了SOX1-其他商业服务，S-服务总额的逆差主要来自SC-运输、SD-旅行，逆差额分别为13.04亿美元、24.88亿美元。

2015年，服务贸易的主要顺差项是SB-维护和维修服务，顺差额为9.02亿美元。

其他各项有的是顺差（SA-加工服务、SE-建筑、SJ-其他商务服务），有的是逆差（SF-保险与养老金服务，SK-个人、文化和娱乐服务），但金额都小于1亿美元。

2016年S-服务总额的逆差为67.25亿美元，比2015年增加了4.94亿美元。增加的逆差主要来自SH-知识产权使用费，增加了8.39亿美元，主要原因是从德国的进口恰好也增加了8.39亿美元。其次是SB-维护和维修服务，净出口减少了3.87亿美元，主要原因是出口减少了3.81亿美元。

2016年SI-电信、计算机和信息服务出现了顺差，顺差额为1.26亿美元，而之前的2015年该项为逆差2.10亿美元。两者相加，可帮助2016年减少逆差3.36亿美元。SF-保险与养老金服务从2015年到2016年也是由逆差转为顺差，从而增加顺差1.25亿美元。此外，2016年SJ-其他商务服务实现顺差2.92亿美元，比2015年增加了2.03亿美元。

其他各项，2016年与2015年相比，净出口金额变化不大。

2. 中国与法国的服务贸易

（1）首先考察中国从法国进口服务的情况。WTO数据库里有2011年至2021年中国从法国进口服务的数据，但是在SOX1-其他商业服务里有微小的金额需要调整配置，本书忽略这些微小金额项目。本书选取的年份为早期的2011年、2012年，后面用来与向法国出口服务做对比的2015年、2016年，以及数据最新的2018年至2021年。具体如表2-12所示。

表2-12 中国从法国进口服务

单位：百万美元

项目	2011年	2012年	2015年	2016年
SOX-商业服务	4417	4977	9492	8214
SA-加工服务	26	71	126	19
SB-维护和维修服务	63	69	163	179
SC-运输	2583	2651	1896	1722
SD-旅行	664	731	4762	3707
SOX1-其他商业服务	1080	1456	2544	2587
SE-建筑	26	104	85	64
SF-保险与养老金服务	56	69	83	136
SG-金融服务	24	51	73	41
SH-知识产权使用费	411	298	689	746
SI-电信、计算机和信息服务	61	49	69	68
SJ-其他商务服务	504	872	1524	1501
SK-个人、文化和娱乐服务	1	12	20	30
S-备注：服务总额	4417	4977	9492	8214
SPX1-备注：其他服务	1080	1456	2544	2587
SL-备注：政府商品与服务	0	0	0	0
项目	2018年	2019年	2020年	2021年
SOX-商业服务	10255	10859	8333	12966
SA-加工服务	60	162	316	377
SB-维护和维修服务	191	291	235	239

续表

项目	2018年	2019年	2020年	2021年
SC-运输	2245	2337	3251	9345
SD-旅行	4786	3969	1018	847
SOX1-其他商业服务	2972	4100	3513	2159
SE-建筑	76	1002	1405	0
SF-保险与养老金服务	59	30	42	38
SG-金融服务	39	43	51	73
SH-知识产权使用费	830	795	710	666
SI-电信、计算机和信息服务	74	547	151	169
SJ-其他商务服务	1565	1622	1125	1173
SK-个人、文化和娱乐服务	329	60	26	39
S-备注：服务总额	10255	10859	8333	12966
SPX1-备注：其他服务	2972	4100	3513	2159
SL-备注：政府商品与服务	0	0	0	0

数据来源：WTO网站https://stats.wto.org/。

2011年中国从法国进口服务的总额为44.17亿美元，全部为SOX-商业服务，该年及其后年份的SL-政府商品与服务的金额为0。

在所有项目中，金额最大的项目是SC-运输，为25.83亿美元，占SOX-商业服务的58.5%。其次的单项为SD-旅行、SH-知识产权使用费，金额分别为6.64亿美元、4.11亿美元，两者合计占SOX-商业服务的24.3%。综合项SJ-其他商务服务为5.04亿美元。其他项目的金额都比较小，都小于1亿美元。

从2011年到2021年，S-服务总额有升有降，其中在2020年有明显下降，但总的趋势是上升的，2021年的金额是129.66亿美元，几乎是2011年44.17亿美元的3倍。

从金额看，增加最多的是SC-运输，2021年比2011年增加了67.62亿美元，上升幅度为262%。增加金额第二多的项目是SJ-其他商务服务，增加了6.69亿美元，上升幅度为133%，但这是一个综合项。从单项来看，增加金额第二多的项目是SA-加工服务，增加了3.51亿美元。同时，该项也是上升幅度第二大的单项，2021年的金额是2011年的14.5倍。SH-知识产权使用费的增加也是比较大的，增加了2.55亿美元，上升幅度为62%。其他各项的金额增加得不多，都低于2亿美元。

如果从上升幅度看，增长最快的是SK-个人、文化和娱乐服务，从2011年的0.01亿美元增加到2021年的0.39亿美元，增长了38倍。其次是上面所说的SA-加工服务，增长了13.5倍。再次是SB-维护和维修服务、SC-运输、SG-金融服务，均增长了2倍多。

从2011年到2021年，唯一下降的项目是SE-建筑，从0.26亿美元下降到0。如果把本书省略的年份的数据都列出来可以看到，该项目是跳跃非常大的项目：从2011年到2018年，金额在0.23亿美元到1.39亿美元之间跳跃，而到了2019年，猛然跃升到10.02亿美元，次年（2020年）跃升到14.05亿美元，再过一年，到2021年却陡降为0。

（2）下面考察我国向法国出口服务的情况。在WTO数据库中，近15年里只可以下载到2015年、2016年中国向法国出口服务的数据。具体如表2-13所示。

表2-13　中国向法国出口服务

单位：百万美元

项目	2015年 出口	2015年 净出口	2016年 出口	2016年 净出口
SOX-商业服务	3658	-5834	3743	-4471
SA-加工服务	95	-31	108	89
SB-维护和维修服务	165	2	173	-6
SC-运输	398	-1498	378	-1344
SD-旅行	569	-4193	613	-3094
SOX1-其他商业服务	2431	-113	2470	-117
SE-建筑	224	139	214	150
SF-保险与养老金服务	38	-45	45	-91
SG-金融服务	48	-25	60	19
SH-知识产权使用费	19	-670	40	-706

续表

项目	2015年 出口	2015年 净出口	2016年 出口	2016年 净出口
SI- 电信、计算机和信息服务	233	164	179	111
SJ- 其他商务服务	1856	332	1922	421
SK- 个人、文化和娱乐服务	13	-7	10	-20
S- 备注：服务总额	3666	-5826	3756	-4458
SPX1- 备注：其他服务	2440	-104	2483	-104
SL- 备注：政府商品与服务	8	8	13	13

数据来源：根据 WTO 网站 https://stats.wto.org/ 数据整理、计算得到。

2015 年我国向法国出口服务的总额为 36.66 亿美元，几乎全部来自 SOX- 商业服务，SL- 政府商品与服务只有 0.08 亿美元。

在 S- 服务总额中，51% 来自 SJ- 其他商务服务，金额为 18.56 亿美元，但这是一个综合项目。从单项来看，金额最大的项目是 SC- 运输、SD- 旅行，分别为 3.98 亿美元、5.69 亿美元，分别占 S- 服务总额的 10.9%、15.5%。其他项目都在 2 亿美元左右或更小。

2016 年的 S- 服务总额比 2015 年多 0.90 亿美元，差别不大。至于各项目，2016 年与 2015 年的差别就更小了。

现在考察净出口。2015 年 S- 服务总额的逆差为 58.26 亿美元。金额最大的逆差项目是 SD- 旅行，逆差为 41.93 亿美元。第二大逆差项目是 SC- 运输，逆差为 14.98 亿美元。第三大逆差项目是 SH- 知识产权使用费，逆差为 6.70 亿美元。

最大的顺差项目是 SJ- 其他商务服务，顺差为 3.32 亿美元。此外还有顺差项目 SB- 维护和维修服务、SE- 建筑以及 SI- 电信、计算机和信息服务，逆差项目 SA- 加工服务、SF- 保险与养老金服务、SG- 金融服务以及 SK- 个人、文化和娱乐服务，但是这些项目的金额都不大，都在 2 亿美元以下。

在 2016 年，S- 服务总额的逆差为 44.58 亿美元，比 2015 年的逆差减少了 13.68 亿美元，主要是由于 2016 年的进口比 2015 年减少了 12.78 亿美元。

相比 2015 年，2016 年净出口增加的最主要单项是 SD- 旅行，增加了 10.99 亿美元，主要原因是 2016 年比 2015 年进口减少了 10.55 亿美元。其他各单项的增减金额都不大，都低于 2 亿美元。

第二节　我国对外服务贸易的转型升级

我国对外服务贸易的转型升级，核心在于发展服务业，增加服务出口。同时，引进国外先进的服务是我国经济增长的重要助力，对我国的服务出口也有很大的促进作用。

一、产业升级与发展服务业

发达国家一般是从以工业为主要产业发展到以服务业为主要产业，这被认为是走向经济发达的产业升级。近些年我国的服务业发展很快，但逐渐开始有一些观点认为我国的服务业发展过快，去工业化的过程过早过快。那么，应该如何看待我国这些年的服务业发展，以后应该怎样发展服务业？

（一）对国内生产总值产业构成的考察

表 2-14 是 26 个国家的国内生产总值（GDP）产业构成。数据有 8 列。前 2 列是农业增加值占国内生产总值的比重（简称农业占比），分别是 2000 年、2022 年的数据。其后 2 列是工业增加值占国内生产总值的比重（简称工业占比），分别是 2000 年、2022 年的数据。再后面的 2 列是服务业增加值占国内生产总值的比重（简称服务业占比），分别是 2000 年、2022 年的数据。第 7 列是第 4 列减去第 3 列后的差值，或者说是 2022 年的工业占比减去 2000 年的工业占比。最后一列是第 6 列减去第 5 列后的差值，或者说是 2022 年的服务业占比减去 2000 年的服务业占比。需要说明的是，由于 GDP 统计的原因，许多国家的农业、工业、服务业占比加总小于 100%。

1. 2022 年的服务业

从表 2-14 可以看出，我国 2022 年的国内生产总值（GDP）中，农业、工业、服务业的比重分别为 7.3%、39.9%、52.8%。

对于服务业增加值占 GDP 的比重这个指标，我国几乎低于所有的欧美国家、发达国家。值得注意的是，有些国家的人均 GDP 并不高，但其服务业增加值占 GDP 的比重高于我国。我国服务业增加值占 GDP 的比重

第二章 我国对外服务贸易发展与转型升级

表 2-14 国内生产总值产业构成

单位：%

国家	农业占比 2000年	农业占比 2022年	工业占比 2000年	工业占比 2022年	服务业占比 2000年	服务业占比 2022年	工业占比 差值	服务业占比 差值
中国	14.7	7.3	45.5	39.9	39.8	52.8	-5.6	13.0
印度	21.6	16.6	27.3	25.6	42.7	48.6	-1.7	5.8
印度尼西亚	15.7	12.4	42.0	41.4	33.4	41.8	-0.5	8.4
日本	1.5		32.5		66.0			
韩国	3.9	1.6	34.8	31.8	51.6	58.2	-3.0	6.6
新加坡	0.1	0.0	32.5	24.2	60.7	70.9	-8.3	10.2
泰国	8.5	8.8	36.7	35.0	54.8	56.2	-1.7	1.4
越南	24.5	11.9	36.7	38.3	38.7	41.3	1.5	2.6
埃及	15.5	10.9	30.8	32.7	46.5	51.4	2.0	4.9
加拿大	2.1		29.5		61.3			
墨西哥	3.3	4.1	34.2	32.1	57.8	58.8	-2.1	1.0
美国	1.2		22.5		72.8			
阿根廷	4.7	6.4	26.0	23.4	63.5	53.0	-2.6	-10.4
巴西	4.8	6.8	23.0	20.7	58.3	58.9	-2.3	0.7
法国	2.1	1.8	21.3	17.4	66.3	70.3	-3.9	4.0
德国	1.0	1.1	27.7	26.7	61.5	62.7	-1.0	1.2

续表

国家	农业占比 2000年	农业占比 2022年	工业占比 2000年	工业占比 2022年	服务业占比 2000年	服务业占比 2022年	工业占比 差值	服务业占比 差值
意大利	2.6	2.0	24.3	23.0	62.7	64.8	-1.3	2.1
荷兰	2.3	1.7	21.7	18.9	65.7	68.8	-2.8	3.1
波兰	3.1	2.1	28.8	29.8	56.8	56.8	1.0	0.0
俄罗斯	5.8	3.9	33.9	32.8	49.7	54.0	-1.1	4.3
西班牙	3.7	2.4	28.0	20.8	59.2	67.7	-7.2	8.5
土耳其	10.0	6.5	26.8	31.9	52.8	51.2	5.1	-1.6
乌克兰	14.0	8.2	31.7	19.2	39.7	60.8	-12.4	21.0
英国	0.8	0.7	22.6	17.9	66.3	71.0	-4.7	4.6
澳大利亚	3.1	3.2	24.6	27.9	64.4	62.4	3.3	-2.0
新西兰	7.8		23.6		61.8			

数据来源：根据《中国统计年鉴2023》数据整理、计算得到。

为 52.8%，低于泰国（56.2%）、墨西哥（58.8%）、阿根廷（53.0%）、巴西（58.9%）、波兰（56.8%）、俄罗斯（54.0%）、乌克兰（60.8%）。

这里需要说明的是：日本、加拿大、美国、新西兰没有 2022 年的数据。它们在 20 年前的 2000 年，服务业增加值占 GDP 的比重就已在 60% 以上（美国在 70% 以上）。一般来说，从中长期看，在政治、经济基本稳定的情况下，服务业增加值占 GDP 的比重是基本不变或升高的。可以据此大致估测这几个国家的服务业占比。

有几个国家虽然服务业增加值占 GDP 的比重低于我国，但与我国较为接近，如印度（48.6%）、埃及（51.4%）、土耳其（51.2%）。

在表 2-14 除中国外的 25 个国家中，服务业增加值占 GDP 的比重明显低于我国的只有印度尼西亚（41.8%）、越南（41.3%）这两个国家。

2. 2022 年的工业

可以看到，除了印度尼西亚的工业增加值占 GDP 的比重（41.4%）略高于我国（39.9%）以外，其余 24 个国家的工业占比均低于我国。

欧美国家、发达国家的工业占比一般都比中国低 10 个百分点或更多，少数的几个例外是韩国（31.8%）、墨西哥（32.1%）、俄罗斯（32.8%），但它们的工业占比也都明显低于中国的 39.9%。

3. 2022 年的农业

可以看到，在欧美国家、发达国家中，只有号称"欧洲粮仓"的乌克兰的农业增加值占 GDP 的比重（8.2%）略高于中国（7.3%），其他国家均低于中国。在表 2-14 的其余国家中，只有印度（16.6%）、印度尼西亚（12.4%）、泰国（8.8%）、越南（11.9%）、埃及（10.9%）高于中国。

4. 从 2000 年到 2022 年服务业占比的变化

在这 20 多年间，我国的服务业增加值占 GDP 的比重从 39.8% 增加到 52.8%，增加了 13 个百分点。在表 2-14 的 26 个国家中，仅有 3 个国家在这 20 多年中服务业占比增加超过 10 个百分点，除我国外，另外 2 个国家是乌克兰（21.1 个百分点）、新加坡（10.2 个百分点）。

其余增加较多的国家是印度（5.9 个百分点）、印度尼西亚（8.4 个百分点）、韩国（6.6 个百分点）、西班牙（8.5 个百分点）。

其余国家增加的百分点都在 5 个以下,个别国家服务业占比还有所下降。其中,阿根廷下降了 10.5 个百分点,也许是因为阿根廷政治紧张、经济动荡。

5. 从 2000 年到 2022 年工业占比的变化

这期间我国的工业增加值占 GDP 的比重从 45.5% 减少到 39.9%,减少了 5.6 个百分点。

同期工业占比百分点减少比我国多的国家仅有新加坡(8.3 个百分点)、西班牙(7.2 个百分点)、乌克兰(12.5 个百分点)。其余国家工业占比减少都在 5 个百分点以下。

(二)对产业人均生产效率的考察

表 2-15 是对表 2-14 所列国家的产业人均生产效率的考察。由于存在数据缺项,因此没有日本、加拿大、美国、新西兰。计算方法是产业增加值占 GDP 的比重,除以该产业就业人员占全部产业就业人员的比重。如果该值为 100%,说明该产业所创造的增加值占 GDP 的比重,与该产业就业人员占全部产业就业人员的比重是相同的。该值越大,说明该产业人均创造的 GDP 越多,可以认为人均生产效率越高。

表 2-15 产业人均生产效率

单位:%

国家	农业	工业	服务业
中国	29.9	141.4	111.5
印度	37.8	101.1	158.3
印度尼西亚	42.8	190.4	84.9
韩国	29.7	129.1	83.1
新加坡	8.7	167.5	83.1
泰国	27.9	155.5	122.4
越南	40.9	115.5	109.3
埃及	55.2	112.5	100.7
墨西哥	33.6	125.3	94.8

续表

国家	农业	工业	服务业
阿根廷	84.2	117.3	73.2
巴西	70.3	100.3	84.5
法国	71.9	89.2	90.2
德国	88.7	96.6	88.1
意大利	48.4	86.5	93.5
荷兰	74.0	135.6	82.0
波兰	25.4	96.4	93.7
俄罗斯	67.2	122.0	80.2
西班牙	59.3	102.8	89.4
土耳其	37.7	120.1	90.9
乌克兰	56.1	78.7	99.8
英国	68.9	99.4	87.6
澳大利亚	130.8	148.6	79.2

数据来源：根据《中国统计年鉴 2023》数据整理、计算得到。

表 2-15 的产业增加值占 GDP 的比重，来自表 2-14 中 2022 年的数据。表 2-15 的产业就业人员占全部产业就业人员的比重，取自《中国统计年鉴 2023》最新的 2021 年的数据。可以认为人员构成在相邻的两年基本不变。

从表 2-15 可以看出，我国农业的人均生产效率为 29.9%，在表中的 22 个国家中仅高于韩国（29.7%）、新加坡（8.7%）、泰国（27.9%）、波兰（25.4%）。其中，新加坡的农业就业人员仅占全部产业就业人员的 0.3%，参考性不大，而韩国、泰国、波兰的值虽低于我国，但与我国相差无几，这样，我国的农业人均生产效率就几乎是表中最低的了。

我国的工业人均生产效率为 141.4%，明显高于服务业的 111.5%。工业的人均生产效率比服务业高出 29.9%，幅度为 26.8%。

与我国类似的有许多国家，包括印度尼西亚、韩国、新加坡、泰国、阿根廷、巴西等国。另外，还包括荷兰这样较为发达的欧洲国家，以及澳洲的发达国家澳大利亚。这些国家都是工业的人均生产效率高于服务业。

值得注意的是：欧洲的老牌发达国家法国、德国、意大利、英国的工业人均生产效率，一般略高于或略低于服务业人均生产效率，或者说两者大致相等。

（三）综合分析

1. 我国的服务业是否发展过快

从表2-14"国内生产总值产业构成"可以看到，从2000年至2022年，服务业增加值占GDP的比重增加10个百分点的国家是很少的，在世界较有影响的国家中只有新加坡、乌克兰等屈指可数的几个国家。其中新加坡是个城市国，基本没有农业，工业也很少。

这期间工业占比减少5.6个百分点的国家也是很少的。

从上述两点看，我国可能是出现了早熟的去工业化（Premature Deindustrialization），服务业发展过快。

但是从表2-14还可以看到，发达国家的服务业增加值占GDP的比重一般都在60%以上。英国、美国这样的国家，其服务业增加值占GDP的比重甚至在70%以上。即使经过20多年的快速发展，我国的服务业增加值占GDP的比重也不过52.8%，明显低于发达国家的水平。同时，我国的工业占比在表2-14的国家中是比较高的。从这两个角度看，我国的服务业发展不算过快。

那么，我国的服务业是否发展太快了？在服务业发展的同时，我国的工业占比是否降低得太快了？

从表2-14可以看到，英国、美国的服务业增加值占GDP的比重都在70%以上，这固然因为其服务业确实发达，但还有别的原因。黄群慧和杨虎涛（2022）对"去工业化"进行了多方面的分析，其中一个方面是对统计方式的比较。首先，在英美的统计方式中，一个企业究竟归于制造业还是服务业，是按照哪种行业就业人员最多来划分的。如果一家企业中从事销售或售后等服务性质的员工数量超过制造环节的员工数量，那么这家企业将被归入服务业，而非制造业。如果一家企业只是从事设计、研发和售后，而将所有制造环节外包，则在统计中将把所有产值完全归入服务业。而中国企业的产值统计以法人注册时的公司属性为准，在制造业企业内部的服务业所创造的产值，均被统计归类为制造业产值。其次，在西方发达国家，过去由制造业公司内部提供的支持服务，从安保到设计、编程、营销、分析等，现在很大一部分是由独立的服务公司提供的。当然，这些独立出去的外包产值是归入服务业，而不是制造业。而我国制造业企业受过去"大而全"思想的影响，企业内往往包含了较多的服务内容，一些大企业甚至建有自己的医院、幼儿园、商店。如果对我国的企业产值参照西方发达国家的统计方法进行调整，那么我国现在的服务业占比可能要明显提高一些，工业占比则将明显下降一些，或者说我国的去工业化程度与速度要比现在的统计数字所显示的要严重得多、快得多。经过多方面的分析，黄群慧和杨虎涛（2022）认为中国存在较为严重的"过早去工业化"和"过快去工业化"问题。

魏后凯和王颂吉（2019）对我国的去工业化问题进行了详尽的研究，其中一个方面是对从业人员比重的考察。该研究发现，发达国家制造业吸纳的就业人员占全社会就业人员比重的峰值一般在30%以上，德国在1970年代曾达到近40%的峰值。发达国家在制造业就业人员比重达到峰值后，"去工业化"现象才开始出现。而中国的制造业所吸纳的就业人员占全社会就业人员的比重长期以来明显偏低，第二产业的就业比重在2012年达到30.3%的峰值后呈现下降趋势，制造业就业人员比重明显低于发达国家同期水平。经过多方面的分析，该研究认为中国近年来不仅存在过早的"去工业化"现象，而且"去工业化"还呈现全面、快速的特征，从广义角度看，这是一种典型的"过度去工业化"。

2. 去工业化的原因和条件

之所以发生早熟的去工业化，一个主要原因是去工业化是发达国家普遍经历的道路，这样，当发生去工业化的时候，人们往往认为这是理所当然的事情。很多人认为降低工业占比、提升服务业占比就是产业升级，就可以提升经济发达水平。于是，我国一些地区为了发展本地经济，一哄而上，集中力量、调集各种资源发展服务业，人为地提高服务业占比。

但是，去工业化是工业充分发展、经济发达到一定阶段后瓜熟蒂落的产物，而不是通往经济发达的手段。如果工业还没有充分发展，经济没有发达到一定阶段，就人为地提高服务业占比、降低工业占比，那么这就是一种拔苗助长的行为。

从表 2-15 "产业人均生产效率" 可以看到，我国的工业人均生产效率明显高于服务业。在这种情况下，我们为什么要不断地降低工业占比，不断地把资源从生产效率高的工业转移到生产效率低的服务业呢？看一下德国、英国、法国、意大利，它们的工业人均生产效率与服务业相比是大致相等的，甚至低于服务业。也许等到中国的工业人均生产效率与服务业相差不大的时候，我们才可以开始进行去工业化。不过那时应该不是人为地去工业化，而是资源从生产效率低的行业转入生产效率高的行业，是自然的市场行为。

对于现在的中国来说，由于存在大量的低技能的劳动人口，更是需要保持一定数量的工业企业以吸收劳动力就业。我国还需要很长一段时间才能逐步实现由服务业从工业中吸收更多的大量劳动力。

3. 现代服务业的发展需要足够先进的工业作为基础

过早、过快地去工业化，不仅不利于工业的发展，而且也不利于服务业的发展，尤其是不利于以生产性服务业为主体的现代服务业的发展。我国现代服务业较为落后，主要原因之一就是缺乏足够先进的工业与其配合。

一方面，现代服务业，例如研发、设计，可以为工业提供助力，这已为各方所公认。但是另一方面，现代服务业的发展，需要以工业的充分发展为基础，这点还有许多人没有意识到。其中，工业在不断发展中涌现出对服务的各种需求，服务业因此而开发、创新、完善、提高。如果没有工业不断涌现出的对服务的需求，服务业就难以在闭门造车式的条件下进行开发、创新，更难以在实践中不断完善、提高。服务业发展对于工业的依赖还在于，正是在对工业需求的不断满足中，服务业得以不断从工业获得各种收入、资助，获得强大的物质基础。

4. 结论

从上面的分析可以得到结论：虽然服务业在国民经济中的地位逐步提高、工业占比逐渐下降是发达国家常见的发展道路，但是不能人为地硬性提高服务业占比、硬性降低工业占比，而是应该采取瓜熟蒂落的方式让服务业按照市场经济规律自然发展，其中，尤其要注意现代服务业的发展必须建立在强大的工业基础之上，这才是我国服务业发展的正确方式。

二、我国服务业优劣势比较与出口策略

1. 贸易竞争力比较

在进行国际贸易优势比较时，一个常用的指标是贸易竞争力（Trade Competitiveness）指数，也称为 TC 指数。该指数的计算公式如下：

$$TC_i = \frac{X_i - M_i}{X_i + M_i}$$

对于商品（服务）i，某国该商品（服务）的 TC 指数的分子是出口减去进口，分母是出口加上进口。该指数的取值范围是从 –1 到 1。该指数越大，说明该国该商品（服务）的贸易竞争力越强。如果出口大于进口，那么该指数大于 0。如果出口小于进口，那么该指数小于 0。表 2-16 是 2016 年中国对美国、日本、韩国、德国、法国进出口数据的 TC 指数计算结果，其中，由于一些项目缺乏相应的进出口数据，因此在计算 TC 指数时有缺项。

表 2-16 贸易竞争力指数

项目	美国	日本	韩国	德国	法国
SOX- 商业服务		−0.29	−0.32	−0.30	−0.37
SA- 加工服务		0.98	0.91		0.70
SB- 维护和维修服务	−0.12	0.74		0.70	−0.02
SC- 运输	−0.09	−0.44	−0.50	−0.42	−0.64
SD- 旅行	−0.65	−0.75	−0.60	−0.60	−0.72
SOX1- 其他商业服务		0.01	−0.33	−0.24	−0.02
SE- 建筑		0.18		0.50	0.54
SF- 保险与养老金服务	−0.54	−0.06	0.23		−0.50
SG- 金融服务	−0.87	−0.42		−0.80	0.19
SH- 知识产权使用费	−0.96	−0.98	−0.90	−0.99	−0.90
SI- 电信、计算机和信息服务	0.74	0.70	0.21	0.08	0.45
SJ- 其他商务服务	0.51	0.48	−0.01	0.03	0.12
SK- 个人、文化和娱乐服务	−0.88	−0.69		−0.25	−0.50
S- 备注：服务总额	−0.26	−0.29	−0.31	−0.30	−0.37
SPX1- 备注：其他服务	0.04	0.01	−0.33	−0.24	−0.02
SL- 备注：政府商品与服务		−0.35	−0.02	−0.57	1.00

数据来源：根据 WTO 网站 https://stats.wto.org/ 数据整理、计算得到。

美国、日本、韩国、德国、法国是北美洲、亚洲、欧洲的主要发达国家，可以在很大程度上代表世界各国中的发达国家。

（1）中美比较。如果不考虑存在数据缺失的SOX-商业服务、SA-加工服务、SOX1-其他商业服务、SE-建筑、SL-政府商品与服务，可以看到TC指数大部分是负数，也就是说，中国在这些项目上的贸易竞争力不如美国。其中SB-维护和维修服务（–0.12）、SC-运输（–0.09）虽为负数，但绝对值较小，说明中国在这两个项目上虽然竞争力不如美国，但相差不大。

在SD-旅行（–0.65）、SF-保险与养老金服务（–0.54）、SG-金融服务（–0.87）、SH-知识产权使用费（–0.96）以及SK-个人、文化和娱乐服务（–0.88）这些项目上，中国的贸易竞争力远远不如美国。

相对于美国，中国在SI-电信、计算机和信息服务（0.74）与SJ-其他商务服务（0.51）这两项上具有压倒性的贸易竞争力优势。

综合来看，中国的服务贸易竞争力不如美国，表现为S-服务总额的TC指数为–0.26。

（2）中日比较。在SF-保险与养老金服务（–0.06）项目上，日本比中国略有贸易竞争力优势。

在SOX-商业服务（–0.29）、SC-运输（–0.44）、SG-金融服务（–0.42）、SL-政府商品与服务（–0.35）项目上，日本比中国具有明显优势。在SD-旅行（–0.75）、SH-知识产权使用费（–0.98）以及SK-个人、文化和娱乐服务（–0.69）这几项上，日本具有绝对优势。

而在SOX1-其他商业服务（0.01）、SE-建筑（0.18）这两项上，中国比日本略有优势。

在SJ-其他商务服务（0.48）上，中国比日本具有明显优势。在SA-加工服务（0.98）、SB-维护和维修服务（0.74）与SI-电信、计算机和信息服务（0.70）上，中国具有压倒性优势。

总体来看，根据S-服务总额的TC指数（–0.29），日本比中国具有明显优势。

（3）中韩比较。在SJ-其他商务服务（–0.01）、SL-政府商品与服务（–0.02）上，韩国比中国略有优势。

在 SOX- 商业服务（-0.32）、SOX1- 其他商业服务（-0.33）上，韩国比中国具有明显优势。在 SC- 运输（-0.50）、SD- 旅行（-0.60）、SH- 知识产权使用费（-0.90）上，韩国具有压倒性优势。

在 SF- 保险与养老金服务（0.23）与 SI- 电信、计算机和信息服务（0.21）上，中国比韩国具有明显优势。在 SA- 加工服务（0.91）上，中国具有压倒性优势。

总体来看，根据 S- 服务总额的 TC 指数（-0.31），韩国比中国具有明显优势。

（4）中德比较。在 SOX- 商业服务（-0.30）、SC- 运输（-0.42）、SOX1- 其他商业服务（-0.24）以及 SK- 个人、文化和娱乐服务（-0.25）上，德国比中国具有明显优势。在 SD- 旅行（-0.60）、SG- 金融服务（-0.80）、SH- 知识产权使用费（-0.99）、SL- 政府商品与服务（-0.57）上，德国具有压倒性优势。

在 SI- 电信、计算机和信息服务（0.08）与 SJ- 其他商务服务（0.03）上，中国比德国略有优势。

在 SB- 维护和维修服务（0.70）、SE- 建筑（0.50）上，中国具有压倒性优势。

总体来看，根据 S- 服务总额的 TC 指数（-0.30），德国比中国具有明显优势。

（5）中法比较。在 SB- 维护和维修服务（-0.02）、SOX1- 其他商业服务（-0.02）上，法国比中国具有微小优势。

在 SOX- 商业服务（-0.37）上，法国比中国具有明显优势。在 SC- 运输（-0.64）、SD- 旅行（-0.72）、SF- 保险与养老金服务（-0.50）、SH- 知识产权使用费（-0.90）以及 SK- 个人、文化和娱乐服务（-0.50）上，法国具有压倒性优势。

在 SG- 金融服务（0.19）、SJ- 其他商务服务（0.12）上，中国比法国略有优势。

在 SI- 电信、计算机和信息服务（0.45）上，中国比法国具有明显优势。在 SA- 加工服务（0.70）、SE- 建筑（0.54）、SL- 政府商品与服务（1.00）

上，中国具有压倒性优势。

总体来看，根据 S- 服务总额的 TC 指数（–0.37），法国比中国具有明显优势。

2. 出口额与竞争优势

表 2-16 的贸易竞争力指数是一个比例性的相对指标，此外还有出口额这样的绝对性指标。贸易竞争力指数与出口额都能反映贸易出口能力，但两者之间存在明显的差异。出口优势较小的项目的出口额可能高于出口优势较大的项目的出口额，甚至出口劣势项目的出口额可能高于出口优势项目的出口额。

例如，从表 2-16 可以看到，2016 年中国对美国的 SC- 运输的 TC 指数是 –0.09，表明美国在该项目上比中国略有出口优势。同年中国对美国的 SF- 保险与养老金服务的 TC 指数是 –0.54，表明美国在该项目上与中国相比具有压倒性出口优势。两相比较，显然美国在 SF- 保险与养老金服务项目上对中国的出口优势比在 SC- 运输项目上大得多。但是回顾表 2-3 "中国从美国进口服务（2006 年、2015 年和 2016 年）"可以看到，2016 年美国在 SF- 保险与养老金服务项目下对中国的出口额为 6.53 亿美元，远远低于美国在 SC- 运输项目下对中国的出口额 51.36 亿美元。再以中国与韩国的服务贸易为例，从表 2-16 可以看到 2016 年中国对韩国的 SF- 保险与养老金服务的 TC 指数是 0.23，表明中国在该项目上比韩国具有明显的出口优势，同年中国对韩国的 SJ- 其他商务服务的 TC 指数是 –0.01，表明中国在该项目上与韩国相比处于出口劣势。但是回顾表 2-9 "中国向韩国出口服务"可以看到，2016 年中国在出口劣势项目 SJ- 其他商务服务上向韩国的出口额是 14.59 亿美元，远远高于出口优势项目 SF- 保险与养老金服务的出口额 0.67 亿美元。

下面综合考察我国服务贸易各项目的进出口。以表 2-1 "我国 2022 年服务进出口分类金额"至表 2-13 "中国向法国出口服务"的进出口金额来划分，主要考察出口额比较高的项目，然后再看表 2-16 的 TC 指数。

在 SA- 加工服务项目上，美国、德国存在缺项，中国对日本（0.98）、韩国（0.91）、法国（0.70）都具有压倒性优势，这应该是由于我国的人工成本相对较低。实际上，不仅对于上述五国我国具有加工服务优势，而且对于其他发达国家,我国一般也都具有加工服务优势。而且,该项目往往是我国出口额比较大的项目。

在 SB- 维护和维修服务项目上,中国对美国(-0.12)、法国(-0.02)略存在劣势,但对日本(0.74)、德国(0.70)具有压倒性优势。可能的原因如下:一方面,中国人工成本低,使得我国具有竞争优势;另一方面,对于一些较为先进、独特的设备、设施、资产,需要由国外技术人员进行维护和维修,或需从国外调用零部件,从而成本较高,我国处于劣势。综合来看,情况不确定。

SC- 运输项目的特点是,一方面它是中国的出口劣势项目,美国对中国略有优势(-0.09),日本(-0.44)、德国(-0.42)对中国有明显优势,韩国(-0.50)、法国(-0.64)对中国有压倒性优势;另一方面,它是中国服务贸易中出口金额较大的项目。SD- 旅行具有类似的特点,一方面,它是中国的出口劣势项目,并且劣势比 SC- 运输更为严重,美国(-0.65)、日本(-0.75)、韩国(-0.60)、德国(-0.60)、法国(-0.72)都对中国具有压倒性优势;但是另一方面,它是中国服务贸易中出口金额较大的项目。

SI- 电信、计算机和信息服务是中国少有的对各国一般都具有贸易竞争力优势的项目,从表 2-16 该项目的中国 TC 指数看,中国对德国(0.08)有微小优势,对韩国(0.21)、法国(0.45)有明显优势,对美国(0.74)、日本(0.70)有压倒性优势。另外,中国在该项目的出口额往往比较大。

中国另一个对各国往往具有竞争优势,并且出口金额较大的项目是 SJ- 其他商务服务。从 TC 指数看,韩国(-0.01)对中国有微弱优势,中国对德国(0.03)、法国(0.12)有较小优势,中国对日本(0.48)有明显优势,对美国(0.51)有压倒性优势。

在其他各项目上,中国的出口额一般比较小。其中从 SE- 建筑看,美国、韩国缺项,中国对日本(0.18)有较小优势,中国对德国(0.50)、法国(0.54)有压倒性优势。从 SF- 保险与养老金服务看,德国缺项,日本(-0.06)对中国有微弱优势,美国(-0.54)、法国(-0.50)对中国有压倒性优势,中国对韩国(0.23)有明显优势。从 SG- 金融服务看,韩国缺项,中国对法国(0.19)有较小优势,日本(-0.42)对中国有明显优势,美国（–0.87）、德国（–0.80）对中国有压倒性优势。从 SH– 知识产权使用费看，美国（–0.96）、日本（–0.98）、韩国（–0.90）、德国（–0.99）、法国（–0.90）都对中国具有压倒性优势。从 SK– 个人、文化和娱乐服务看，韩国缺项，德国（–0.25）对中国有明显优势，美国（–0.88）、日本（–0.69）、法国（–0.50）对中国有压倒性优势。从 SL– 政府商品与服务看，美国缺项，韩国（–0.02）对中国有微弱优势，日本（–0.35）对中国有明显优势，德国（–0.57）对中国有压倒性优势，中国对法国（1.00）有压倒性优势。

总体来看，根据 S– 服务总额的 TC 指数，美国（–0.26）、日本（–0.29）、韩国（–0.31）、德国（–0.30）、法国（–0.37）都对中国有明显优势。

3. 出口策略分析

通过前面的中国服务进出口金额、TC 指数可以看到一个现象：我国可以在对同一个项目大量进口的同时大量出口，甚至大量出口的这个项目可能是我国的贸易竞争力劣势项目。典型例子是运输、旅行。回顾表 2-1"我国 2022 年服务进出口分类金额"、表 2-2"我国 2022 年服务进出口分类占比"可以看到，不论是出口还是进口，运输都在我国的服务贸易中占据了三分之一以上的份额，是我国服务贸易的重要项目。从表 2-3"中国从美国进口服务（2006 年、2015 年和 2016 年）"至表 2-13"中国向法国出口服务"也可以看出，在我国与各国的服务贸易中，运输、旅行都是进出口金额较大的项目。但是从表 2-16"贸易竞争力指数"以及表 2-1 至表 2-13 可以看出，运输、旅行这两个项目基本是我国的贸易竞争力劣势项目、逆差项目。

这就涉及一个有关我国对外贸易指导思想的问题：我国相对来说更看重的是净出口（顺差）还是出口？这也与第一章的问题相关联：在很多情况下，对我国经济影响更大的可能不是净出口，而是出口。

如果我国更看重顺差，那么运输、旅行这样的项目可能就不是我国优先大力发展的项目，因为我国在这些项目上为逆差。但是如果我国更看重出口额，那么我国就应该大力发展这些项目。

与此相关的一个问题是，各国基本上都对各国际贸易项目存在或多或少的限制，如果我国更看重顺差，那么就应该对贸易竞争力弱的项目多一些限制。如果我国更看重出口额，那么我国在进行相关限制时应该首要关注出口额，而不是以 TC 指数为代表的贸易竞争力。对于服务贸易各项目的限制问题，下一小节将进行专门分析。

对运输这个项目进行国际贸易的项目细分，可分为海运、空运、火车运输、汽车运输等子项，但在国际贸易中金额较大的主要是两部分：一是海运，其中绝大部分是货运；二是空运，以客运为主，货运为辅。其他形式的运输项目，金额较小。虽然我国相对于外国，尤其是相对于发达国家，可能运输的贸易竞争力不强，主要体现为 TC 指数为负，但是我国海上货运、空中客运与货运的能力与发达国家相比并不算很弱。以空运为例，虽然我国在飞机制造上还落后于少数发达国家，但我国有大量的资金购买先进的飞机，有足够的技术与专业能力进行飞行的运营管理，从而有较强的实力与发达国家竞争。同时，尽管我国运输项目的 TC 指数为负，但是我国以往多年在运输项目的出口金额较大，这说明该市场很大，有很大的空间来继续争取扩大出口金额。

对于旅行来说，大部分是个人旅行，包括旅游、探亲访友、看病就医等形式，少部分是商务旅行。对于旅行服务来说，有些是难以通过努力提高收入的，例如探亲访友旅行所探访的亲友是本来就存在的，而不是哪家企业可以改变的。有些可以改变，但不是旅行企业能够改变的，例如是否看病就医主要取决于相关医院的医疗水平、服务态度。而有些却是旅行企业可以改变，或者参与改变的，例如个人旅行。中国的旅游业多年来存在很多问题，尤其是一些地方存在敲诈勒索游客的现象。至于服务态度恶劣、偷工减料、弄虚作假的情况，更是时有所闻。这些现象对于提高我国对外贸易的旅行收入显然极为不利。要想提高旅行收入，我国需要从多方面努力，严打敲诈勒索、以次充好等各种损害消费者利益的行为。

在建筑项目方面，我国在世界上具有较高的技术水平和较为丰富的经验，但是在发达国家，新建建筑相对较少，新建路桥也较少，相对来说翻建老建筑多一些。对于翻建老建筑，我国的经验相对较少。这样，我国在发达国家难以充分发挥建筑能力。而在发展中国家，由于这些国家往往经济实力较弱，难以支付较高的费用，如果不大规模扩大市场，那么我国将难以获得较多的收入。因此，我国近期在建筑这个项目上难以大幅度提高收入。

保险与养老金服务是我国近些年才开始大范围开展的业务，经验较少，还需要一定的时间提高专业能力，拓展险种，树立信誉。其中，尤其是要在树立信誉上切实努力，不能在收保费时说得天花乱坠，出险赔付时百般刁难。否则，虽然赢了眼前官司，但可能输了长远发展。

在金融服务上，我国早已有一些企业（银行）走出国门，积累了很多金融服务方面的国际贸易经验，具备较强的能力。但是我国在与国际接轨等方面还存在差距，例如个人、企业在跨国支付时往往存在障碍或不便，这无形中在中国的金融体系与外国的金融体系之间砌起了一面墙，显然不利于提高我国对外贸易的金融服务收入。

在各项目中，我国提高收入最难的也许是知识产权使用费，包括商标特许权使用费、专利使用费、计算机软件分装使用费等费用。它的背后是先进的科技、创新、品牌等能力，提高这些能力需要各种条件，往往需要较长时间以及多方面的积累。同时，该项目也是我国近些年进口增加较快的项目，主要源于我国加强了对国外知识产权的保护。

个人、文化和娱乐服务项目包括视听产品与服务、教育、娱乐等内容。在该项目上，我国有一些基础，例如我国的电视剧在东南亚一些国家很受欢迎，又如国外的许多大学生愿意付费到中国学习汉语课程。但总体来说，我国以往在这个项目上获得的收入不高，差不多是所有大类项目中最低的。一方面是存在语言障碍，另一方面是可能存在文化隔阂，这些不利于我国在该项目上取得更多的收入。

在各项目中我国比较具有贸易竞争力优势、出口额比较高的单项项目是电信、计算机和信息服务，中国的相关产品与服务在国际上具有领先地位。回顾表2-16可以看到，即使面对美国、日本、韩国、德国、法国这样的发达国家，我国的TC指数也为正，并且有时还比较高，例如我国对美国、日本这样的发达国家的TC指数达到0.7以上。并且回顾表2-5、表2-7、表2-9、表2-11和表2-13可以看到，我国在电信、计算机和信息服务项目上对五国的出口额也比较大。至于中等收入国家以及其他国家，我国在该项目上的贸易竞争优势更为明显。我国一方面能够满足客户各种各样的需求，包括一些比较严苛的需求，另一方面价格相对便宜，这使得我国在发达国家、中等收入国家以及其他国家都具有很高的声誉。但是相关产业的一些核心技术没有掌握在我国手里，因此，如果是在正常的国际贸易市场交易条件下，我国会具有较大的贸易优势，但是如果发生国际贸易摩擦，那么在生产、销售等方面就可能受到一些限制，从而降低收入。

除了电信、计算机和信息服务以外，我国另一个具有一定的贸易竞争力优势、出口额较大的项目是 SJ- 其他商务服务，这是一个综合性项目。该项目虽然名为"其他"，但实际上专业知识含量非常高，它由很多子项组成，包括 SJ1 子项下的研发，SJ2 子项下的法律、会计、管理等咨询服务，SJ3 子项下的建筑、工程、科技等服务，以及废物与污染处理、租赁、贸易等相关服务。我国在该项目上具有优势，在一些情况下是因为具有地利人和的便利。例如，外国企业在中国做生意，往往需要找中国的律师事务所、会计师事务所、各种咨询或公关公司来获取相关服务。

对于上述各项目，我国究竟能出口多少，一般取决于三个方面的条件。一是自身的服务能力，包括专业水平、服务态度等；二是进口国的贸易限制；三是我国的贸易限制。而贸易限制，如前文所述，可能是出于经济原因，也可能是出于政治原因。相对于货物贸易，服务贸易更容易因国家安全等原因而受到限制。SI- 电信、计算机和信息服务，SG- 金融服务，SJ- 其他商务服务等项目相对来说受到限制的可能性更大一些。在发生贸易摩擦的情况下，很可能会增加贸易限制，从而减少某些服务的进出口。

从我国出口服务的角度看，中等收入国家、发展中国家对我国向其出口的政治性限制相对小一些。这样，在发生贸易摩擦的情况下，如果我国在发达国家受到较强的进出口限制，可以考虑转向中等收入国家、发展中国家，拓展某些项目的业务，缓解出口下降的压力。

在近期，加工服务是我国服务出口的主要项目之一，出口额比较大，而且我国一般在该项目上具有贸易竞争优势，同时该项目受进口国的限制相对较少，因此我国相对来说容易在该项目上进一步发挥优势，提高出口额。

值得我们注意的是，并不是只有发达国家才有能力取得国际服务贸易的顺差。一个典型国家是印度。2022 年中国的人均 GDP 是 12720 美元，印度是 2389 美元，中国是印度的 5 倍多。2022 年中国的 GDP 是 179632 亿美元，印度是 33851 亿美元，中国是印度的 5 倍多（见《中国统计年鉴 2023》）。不论是国家总体经济实力，还是经济发达程度，中国都明显优于印度，但是中国长期以来是国际服务贸易的逆差国，而印度近些年来几乎一直是国际服务贸易的顺差国，并且基本保持了较高的服务贸易出口增长率。从运输、旅行来看，中国比印度更有贸易优势，在建筑业，中国与印度相比具有压倒性优势，但是在电信、计算机和信息服务与金融等行业，印度相比中国具有较大优势。相对来说，中国在劳动密集型服务行业占优，印度在资金密集型、技术密集型服务行业占优。从短期来看，中国要继续发挥已有优势服务项目的出口优势，增加出口。但是从长期来看，中国必须大力发展资金密集型、技术密集型服务行业，使其成为新的服务贸易增长点。

三、进一步放开我国服务业对外贸易限制

（一）STRI 指数

前面说过，世界各国或多或少都对本国的国际服务贸易进行了一定限制。在对各种限制的衡量中，最有名的是由经济合作与发展组织（Organization for Economic Co-operation and Development，OECD）所发布的服务贸易限制指数（Services Trade Restrictiveness Index，STRI）。该指数设立于 2014 年，原来是对 42 个国家进行测评，后来增加了一些国家，这些国家的国际服务贸易总额占世界服务贸易总额的 80% 以上。该指数主要考察各国政府的相关制度与政策，包括对外国投资准入的限制、对自然人流动的限制、其他歧视性措施、竞争障碍、监管透明度等。STRI 指数的数值越高，限制越严。STRI 指数把服务行业分为 22 个行业，这与 WTO 的统计分类差别很大。

表 2-17 是 2022 年的数据，这是目前的最新数据。为节省篇幅，仅列出 22 个国家，其中 OECD 国家 15 个，非 OECD 国家 7 个。由于行业太多，因此分为（a）(b)(c)(d) 4 个分表，其中（b）表有 2 个数据缺项。针对每个行业，对表中的 OECD 国家计算均值，为"均值 1"。对除了中国以外的非 OECD 国家计算均值，为"均值 2"。

第二章 我国对外服务贸易发展与转型升级

1. 第 1 个分表

表 2-17（a）是关于物流的 4 项。

表 2-17（a） STRI 指数

国家	物流－装卸	物流－仓储	物流－货代	物流－报关
澳大利亚	0.184	0.171	0.204	0.191
加拿大	0.182	0.161	0.149	0.193
法国	0.150	0.177	0.143	0.129
德国	0.143	0.148	0.141	0.132
匈牙利	0.240	0.228	0.201	0.185
意大利	0.242	0.253	0.204	0.218
日本	0.110	0.126	0.158	0.110
韩国	0.183	0.140	0.187	0.211
墨西哥	0.286	0.270	0.281	1.000
荷兰	0.145	0.143	0.135	0.112
新西兰	0.270	0.233	0.228	0.200
波兰	0.202	0.185	0.168	0.154
土耳其	0.305	0.316	0.281	0.272
英国	0.150	0.179	0.175	0.159
美国	0.199	0.198	0.202	0.190
均值 1	0.199	0.195	0.190	0.230
中国	0.226	0.261	0.252	0.229
印度	0.350	0.350	0.282	0.273
印度尼西亚	0.424	0.362	0.325	0.290
俄罗斯	1.000	1.000	0.333	0.367
新加坡	0.285	0.292	0.282	0.239
泰国	0.428	0.472	0.385	0.378
越南	0.427	0.303	0.264	0.268
均值 2	0.486	0.463	0.312	0.303

数据来源：OECD 网站 https：//stats.oecd.org/。

表2-17（a）的4项全是"物流"。从本章前面的各表可以看到，在WTO的服务贸易统计中，"物流"不是大类，更没有占据4个大类。我国的对外服务贸易分类与WTO基本一致。从表2-17（a）可以看到OECD的服务行业分类与WTO差别很大。从后面的表格中可以继续看到OECD和WTO在服务贸易分类上的差别。

在物流-装卸项目上，15个OECD国家的STRI指数均值（均值1）为0.199，除了中国以外的6个非OECD国家的均值（均值2）为0.486，中国的指数值为0.226，略高于OECD国家均值，明显低于非OECD国家均值。

在全部22个国家中，数值最高的是俄罗斯（1.000），其次是泰国（0.428），然后依次是越南、印度尼西亚、印度、土耳其这几个国家，均在0.3以上。再向下依次是墨西哥、新加坡、新西兰、意大利、匈牙利、中国、波兰，在0.202至0.286之间。再向下依次是美国、澳大利亚、韩国、加拿大、法国、英国、荷兰、德国、日本，从0.199降低到0.110。按照从高到低的顺序，中国在22个国家中排第12名。

在物流-仓储项目上，情况与物流-装卸项目大体相近。均值1为0.195，均值2为0.463，中国的指数值为0.261。俄罗斯最高（1.000），泰国其次（0.472）。非OECD国家较高，OECD国家较低，其中日本最低，为0.126。按照指数从高到低的顺序，中国排第9名。

在物流-货代项目上，情况有所改变，最高值明显降低，为泰国（0.385），均值1为0.190，均值2明显降低（0.312）。非OECD国家的指数值依然较高，中国为0.252，在22个国家中从高到低排在第9名。

在物流-报关项目上，墨西哥一跃成为指数值最高的国家（1.000），其次是泰国（0.378）。均值1为0.230，均值2为0.303。中国的指数值为0.229，从高到低为第9名。

2. 第2个分表

表2-17（b）是包括快递在内的各类运输，其中有2个缺项，在计算均值时已分别予以剔除。

表 2-17（b） STRI 指数

国家	空运	海运	公路运输	铁路运输	快递
澳大利亚	0.312	0.191	0.126	0.158	0.377
加拿大	0.369	0.191	0.157	0.126	0.366
法国	0.382	0.209	0.220	0.214	0.116
德国	0.375	0.170	0.216	0.169	0.113
匈牙利	0.411	—	0.232	0.221	0.197
意大利	0.400	0.269	0.216	0.206	0.199
日本	0.369	0.170	0.102	0.172	0.198
韩国	0.515	0.322	0.183	1.000	0.416
墨西哥	0.366	0.274	0.478	0.292	0.434
荷兰	0.391	0.160	0.174	0.107	0.089
新西兰	0.368	0.221	0.152	0.230	0.209
波兰	0.430	0.222	0.211	0.213	0.224
土耳其	0.559	0.252	0.261	0.232	0.451
英国	0.209	0.141	0.195	0.151	0.144
美国	0.521	0.356	0.209	0.143	0.350
均值1	0.398	0.225	0.209	0.242	0.259
中国	0.390	0.226	0.194	0.252	0.756
印度	0.501	0.352	0.228	1.000	0.523
印度尼西亚	0.514	0.516	0.335	0.323	0.478
俄罗斯	0.585	0.506	0.350	0.994	0.446
新加坡	0.433	0.276	0.152	—	0.224
泰国	0.590	0.436	0.427	1.000	0.403
越南	0.478	0.370	0.277	0.344	0.278
均值2	0.517	0.409	0.295	0.732	0.392

数据来源：OECD 网站 https：//stats.oecd.org/。

从空运项目看，与表 2-17（a）的 4 个项目差别很大。泰国（0.590）、俄罗斯（0.585）依然指数值很高，是指数值排名的前 2 名，同时美国（0.521）、韩国（0.515）进入了前 5 名。其他国家的指数值规律与第 1 个分表大体相同：非 OECD 国家较高，OECD 国家较低。均值 1 为 0.398，均值 2 为 0.517。中国的指数值为 0.390，从高到低排在第 14 位。

从海运项目看，不考虑匈牙利的缺项，印度尼西亚的指数值最高（0.516），其次是俄罗斯（0.506）、泰国（0.436）。均值 1 为 0.225，均值 2 为 0.409。中国的指数值为 0.226，从高到低排在第 12 位。值得注意的是，美国从高到低排在第 5 位，韩国排在第 7 位。

从公路运输项目看，墨西哥最高（0.478），其次是泰国（0.427）、俄罗斯（0.350）。均值 1 是 0.209，均值 2 是 0.295，2 个均值极为接近。指数值从高到低，中国排在第 15 位，法国、德国、意大利、英国的指数值比中国略高。

从铁路运输项目看，城市国家新加坡存在缺项，韩国、印度、泰国的指数值均为 1.000，俄罗斯接近 1（0.994），其余国家在 0.35 以下。均值 1 为 0.242，均值 2 为 0.732，中国为 0.252，从高到低排在第 8 位。

从快递项目看，中国高居榜首（0.756），其次为印度（0.523）、印度尼西亚（0.478）。均值 1 为 0.259，均值 2 为 0.392。

3. 第 3 个分表

表 2-17（c）中的大部分项目属于现代服务业，且为技术密集型。

表 2-17（c） STRI 指数

国家	会计	法律	分销	商业银行	保险	电信	计算机
澳大利亚	0.188	0.161	0.144	0.190	0.183	0.172	0.166
加拿大	0.237	0.168	0.227	0.158	0.187	0.278	0.168
法国	0.381	0.480	0.206	0.175	0.101	0.171	0.160
德国	0.178	0.198	0.154	0.160	0.119	0.126	0.161
匈牙利	0.233	0.720	0.214	0.229	0.178	0.195	0.241
意大利	0.514	0.212	0.184	0.210	0.248	0.176	0.230
日本	0.169	0.524	0.101	0.186	0.122	0.226	0.113
韩国	1.000	0.518	0.185	0.212	0.116	0.296	0.168
墨西哥	0.240	0.193	0.189	0.363	0.245	0.215	0.241
荷兰	0.187	0.190	0.153	0.168	0.085	0.131	0.156

续表

国家	会计	法律	分销	商业银行	保险	电信	计算机
新西兰	0.199	0.219	0.149	0.232	0.136	0.183	0.180
波兰	0.275	1.000	0.195	0.193	0.175	0.158	0.202
土耳其	0.629	0.541	0.176	0.258	0.163	0.243	0.231
英国	0.259	0.149	0.122	0.155	0.123	0.096	0.131
美国	0.170	0.175	0.132	0.201	0.276	0.153	0.137
均值1	0.324	0.363	0.169	0.206	0.164	0.188	0.179
中国	0.721	0.495	0.174	0.338	0.368	0.636	0.332
印度	0.793	0.899	0.358	0.463	0.515	0.334	0.199
印度尼西亚	0.698	0.920	0.396	0.487	0.530	0.617	0.277
俄罗斯	0.362	0.258	0.318	0.450	0.373	0.425	0.420
新加坡	0.203	0.325	0.197	0.269	0.193	0.266	0.206
泰国	1.000	0.580	0.322	0.433	0.560	0.362	0.322
越南	0.251	0.569	0.293	0.395	0.457	0.699	0.231
均值2	0.551	0.592	0.314	0.416	0.438	0.451	0.276

数据来源：OECD网站 https://stats.oecd.org/。

从会计项目看，韩国（1.000）、泰国（1.000）最高，其次是印度（0.793）、中国（0.721）、印度尼西亚（0.698）、土耳其（0.629），其余国家均在0.52之下。均值1为0.324，均值2为0.551。

从法律项目看，波兰居于榜首（1.000），其次为印度尼西亚（0.920）、印度（0.899）、匈牙利（0.720），其余国家在0.58以下。中国为0.495，从高到低排在第10位。值得注意的是，日本（0.524）、韩国（0.518）比中国的指数值高，法国（0.480）虽然低于中国，但与中国很接近。均值1为0.363，均值2为0.592。

从分销项目看，指数值最高的国家是印度尼西亚（0.396），这个数值并不算很高，其次是印度、泰国、俄罗斯，其余国家均低于0.3。中国为0.174，排在第15位，低于加拿大、法国、新加坡、韩国、意大利。均值1为0.169，均值2为0.314。

从商业银行项目看，印度尼西亚最高（0.487），其次为印度、俄罗斯、

75

泰国，均在 0.4 以上，随后是越南、墨西哥、中国，其余国家低于 0.3。均值 1 为 0.206，均值 2 为 0.416，中国为 0.338，从高到低排在第 7 位。

从保险项目看，指数值最高的 6 个国家依次是泰国（0.560）、印度尼西亚、印度、越南、俄罗斯、中国（0.368），其余国家均在 0.3 以下。均值 1 为 0.164，均值 2 为 0.438。

从电信项目看，指数值最高的 6 个国家依次是越南（0.699）、中国（0.636）、印度尼西亚、俄罗斯、泰国、印度，其余国家均在 0.3 以下。均值 1 为 0.188，均值 2 为 0.451。

从计算机项目看，指数值最高的 3 个国家依次是俄罗斯（0.420）、中国（0.332）、泰国，其余各国均在 0.3 以下。均值 1 为 0.179，均值 2 为 0.276。

4. 第 4 个分表

最后一个分表如表 2-17（d）所示。

表 2-17（d） STRI 指数

国家	动画	广播	录音	建筑	建筑设计	工程
澳大利亚	0.147	0.227	0.160	0.199	0.196	0.156
加拿大	0.202	0.301	0.175	0.198	0.201	0.174
法国	0.229	0.211	0.157	0.172	0.258	0.125
德国	0.145	0.183	0.128	0.156	0.149	0.177
匈牙利	0.210	0.214	0.218	0.247	0.198	0.228
意大利	0.248	0.294	0.288	0.276	0.309	0.398
日本	0.083	0.253	0.070	0.118	0.091	0.069
韩国	0.196	0.393	0.177	0.206	0.202	0.163
墨西哥	0.266	0.623	0.209	0.264	0.232	0.251
荷兰	0.126	0.157	0.130	0.149	0.114	0.134
新西兰	0.160	0.189	0.187	0.189	0.143	0.189
波兰	0.191	0.421	0.187	0.300	0.292	0.358
土耳其	0.254	0.472	0.221	0.247	0.208	0.193
英国	0.161	0.189	0.137	0.151	0.133	0.138
美国	0.125	0.265	0.155	0.209	0.176	0.188

续表

国家	动画	广播	录音	建筑	建筑设计	工程
均值1	0.183	0.293	0.173	0.205	0.193	0.196
中国	0.548	0.674	0.512	0.258	0.228	0.216
印度	0.284	0.384	0.232	0.263	0.511	0.195
印度尼西亚	0.293	0.395	0.234	0.340	0.183	0.231
俄罗斯	0.364	0.490	0.397	0.372	0.298	0.339
新加坡	0.195	0.383	0.188	0.209	0.176	0.275
泰国	0.301	0.395	0.303	0.386	0.419	0.346
越南	0.307	0.317	0.242	0.263	0.179	0.207
均值2	0.291	0.394	0.266	0.306	0.294	0.266

数据来源：OECD网站https：//stats.oecd.org/。

从动画项目看，指数值最高的4个国家依次是中国（0.548）、俄罗斯（0.364）、越南、泰国，其余国家均在0.3以下。均值1为0.183，均值2为0.291。

从广播项目看，指数值最高的5个国家依次是中国（0.674）、墨西哥（0.623）、俄罗斯（0.490）、土耳其、波兰，其余国家均在0.4以下。均值1为0.293，均值2为0.394。

从录音项目看，指数值最高的3个国家依次是中国（0.512）、俄罗斯（0.397）、泰国（0.303），其余国家均在0.3以下。均值1为0.173，均值2为0.266。

从建筑项目看，指数值最高的4个国家依次是泰国（0.386）、俄罗斯、印度尼西亚、波兰，其余国家均在0.3以下。中国的指数值为0.258，从高到低排在第9位。均值1为0.205，均值2为0.306。

从建筑设计项目看，指数值最高的3个国家依次是印度（0.511）、泰国（0.419）、意大利（0.309），其余国家均在0.3以下。中国的指数值为0.228，排在第8位。这里值得注意的是，意大利排在了第3位，并且法国的指数值略高于中国。此外，印度尼西亚、越南的指数值不仅低于均值2，更低于均值1。均值1为0.193，均值2为0.294。

从工程项目看，指数值最高的 4 个国家是意大利（0.398）、波兰（0.358）、泰国（0.346）、俄罗斯（0.339），其余国家均低于 0.28。均值 1 为 0.196，均值 2 为 0.266。中国为 0.216，排在第 9 位。值得注意的是，新加坡排在第 5 位。

（二）我国是否应该进一步放开服务市场的限制

党的十九大报告第五部分第（六）条提出要"大幅度放宽市场准入，扩大服务业对外开放"，这就明确指出了我国应该进一步放开对外服务贸易市场的限制。

在笔者所查阅到的关于我国是否要进一步放开对外服务贸易市场限制的文献里，多数研究都建议进一步放开。例如，程大中、虞丽和汪宁（2019）认为"服务业的发展、自由化与对外开放是世界经济发展的基本趋势，但与其他经济体尤其是发达经济体相比，中国服务业的发展水平与开放水平都相对较低。中国是服务市场限制程度最高的少数几个国家之一……中国应积极主动地扩大与深化服务业的市场化改革与开放，切实提高服务业的国际竞争力"。

回顾前面的 4 个分表可以看到，在物流的装卸、仓储、货代、报关 4 项中，中国前 3 项的指数值略高于 OECD 国家均值，第 4 项略低于 OECD 国家均值。

在空运、海运、公路运输、铁路运输这 4 项，中国的指数值低于或略高于 OECD 均值，明显低于非 OECD 国家。但快递业的指数值很高。

在会计、法律、商业银行、保险、电信、计算机这几项，中国的指数值明显高于 OECD 国家。

在动画、广播、录音各项，中国的指数值在各国中最高。在建筑、建筑设计、工程各项，中国的指数值高于 OECD 国家，低于非 OECD 国家。

综合来看，大体上存在一个现象：我国限制较严的行业，出口额比较低；我国限制较松的行业，出口额比较高。

回顾表 2-1 "我国 2022 年服务进出口分类金额"及我国对美国、日本、韩国、德国、法国的进出口数据可以看到，我国在运输项目上的出口额差不多是我国各项目中最大的。再看上面的 4 个 STRI 指数分表可以看到，运输项目是我国仅有的 STRI 指数值低于或略高于 OECD 均值的项目。

从另一个极端可以看到，动画、广播、录音项目是我国 STRI 指数值在各国中最高的项目，再回顾表 2-1 及我国对五国的进出口数据可以看到，动画、广播、录音所代表的个人、文化和娱乐服务，是我国所有服务项目中出口额最低的。

不太符合上述规律的主要是电信、计算机，我国这两个项目的 STRI 指数值很高，显著高于 OECD 国家，但是我国在这两个领域有很强的出口能力。这也许是由于虽然我国官方在这两个领域有较为严格的限制，但是在现实生活中我国与国外有较为密切的交往。

（三）展望与建议

放开服务业的限制，目的是发展我国的服务业，促进服务业的出口。一方面，放开服务业限制可以给我国带来更多更先进的专业技术，从而博采众长；另一方面，放开服务业限制可以给我国服务业带来冲击，促进优胜劣汰，推动我国服务业的发展。

在放开服务业限制的同时，必须大力发展我国的服务业，提高我国服务业的竞争能力。并且，对于服务业的限制不可能全部放开、一下子放开，而是要有序放开、逐步放开。对于放开的项目内容、时间、条件等，有很多讨论和建议。这就涉及一个问题：在什么样的国际环境下放开？对我国所面临的国际环境的不同判断，在很大程度上决定了怎样放开。如果我国所面临的国际环境发生了改变，那么放开的内容、速度等都要进行调整。

需要说明的是，放开服务贸易限制，不仅需要制定相关制度，还要制定配套的具体的实行措施。例如，太平和李姣（2022）发现"有些服务行业对外资企业有'隐性壁垒'。虽然中国已大幅降低外资的市场准入门槛，但部分服务业在业务许可、牌照、业务范围等方面还设有边境内限制措施，可能存在许可证等因素的制约，存在'准入不准营'的隐性壁垒。例如，外商投资准入负面清单虽无人才中介机构外资比例的限制，但人才中介机构大多以网站的方式经营，而取得网络经营许可 ICP（网络内容服务商）证书则要求外资比例不超过 50%。"如果配套的具体措施不到位，那么放开限制就很可能流于形式，停留于纸面。

第三章 我国对外货物贸易发展

第一节 概述

中国由中国大陆和中国香港、中国澳门、中国台湾等地区共同组成，但在进行国际贸易的统计时，往往是对这几个地区分别统计，其中以中国指代中国大陆。中国统计出版社 2023 年 9 月出版的由国家统计局编写的《中国统计年鉴 2023》第 343 页表 11-5 "我国同各国（地区）海关货物进出口总额（2022 年）"中，在与"我国"进行进出口交易的"国别（地区）"列里，中国香港、中国澳门、中国台湾与日本、韩国、泰国等并列其中。显然，这里的"我国"指的是中国大陆。这种方法也是我国所加入的 WTO 等国际经济组织所采用的。本书采用《中国统计年鉴 2023》、WTO 的方法，以中国、我国指代中国大陆，在强调时写为中国大陆。

一、我国 2022 年海关货物进出口

表 3-1 是 2022 年我国同其他国家（地区）海关货物进出口的金额。其中，仅选取货物进出口金额较大的国家（地区）。

表 3-1 我国同各国（地区）海关货物进出口总额（2022 年）

国家（地区）	出口/万美元	占比/%	进口/万美元	占比/%	净出口/万美元	占比/%
总计	356053925	100.0	270957432	100.0	85096493	100
亚洲	168061900	47.2	148681298	54.9	19380602	22.8
中国香港	29390986	8.3	775136	0.3	28615850	33.6
印度	11719960	3.3	1748614	0.6	9971346	11.7

续表

国家（地区）	出口/万美元	占比/%	进口/万美元	占比/%	净出口/万美元	占比/%
日本	17234543	4.8	18439457	6.8	−1204914	−1.4
马来西亚	9171921	2.6	10983860	4.1	−1811939	−2.1
菲律宾	6347102	1.8	2301822	0.8	4045280	4.8
新加坡	7942248	2.2	3364172	1.2	4578076	5.4
韩国	16097500	4.5	19901610	7.3	−3804110	−4.5
泰国	7721773	2.2	5655290	2.1	2066483	2.4
阿联酋	5341911	1.5	4541667	1.7	800244	0.9
越南	14387570	4.0	8794254	3.2	5593316	6.6
中国台湾	8162638	2.3	23693714	8.7	−15531076	−18.3
非洲	16228739	4.6	11710380	4.3	4518359	5.3
欧洲	74115224	20.8	48789985	18.0	25325239	29.8
英国	8091852	2.3	2179100	0.8	5912752	6.9
德国	11580468	3.3	11087473	4.1	492995	0.6
法国	4551221	1.3	3536861	1.3	1014360	1.2
意大利	5055928	1.4	2687118	1.0	2368810	2.8
荷兰	11747074	3.3	1250854	0.5	10496220	12.3
西班牙	4165808	1.2	976297	0.4	3189511	3.7
波兰	3792948	1.1	505487	0.2	3287461	3.9
俄罗斯	7564105	2.1	11437983	4.2	−3873878	−4.6
拉丁美洲	25180621	7.1	23265342	8.6	1915279	2.3
巴西	6189417	1.7	10936888	4.0	−4747471	−5.6
墨西哥	7725939	2.2	1743471	0.6	5982468	7.0
北美洲	63086807	17.7	21959115	8.1	41127692	48.3
加拿大	5326141	1.5	4228968	1.6	1097173	1.3
美国	57751740	16.2	17693451	6.5	40058289	47.1
大洋洲	9380623	2.6	16415905	6.1	−7035282	−8.3
澳大利亚	7824815	2.2	14213373	5.2	−6388558	−7.5

数据来源：根据《中国统计年鉴2023》表11-5整理、计算得到。

从出口看，我国的主要出口地区是亚洲，占全部出口的47.2%；其次是欧洲，占全部出口的20.8%；然后是美国，占全部出口的16.2%。在亚洲，出口占比从高到低依次是中国香港（8.3%）、日本（4.8%）、韩国（4.5%）、越南（4.0%）。

从进口看，我国的主要进口地区是亚洲，占全部进口的54.9%；其次是欧洲，占全部进口的18.0%；然后是美国，占全部进口的6.5%。在亚洲，进口占比从高到低依次是中国台湾（8.7%）、韩国（7.3%）、日本（6.8%）。

从净出口看，2022年中国对美国的货物进出口顺差占中国全部货物进出口顺差的47.1%，将近一半。其次是中国香港，占中国全部货物进出口顺差的33.6%。

由上可见：从中国的海关货物出口看，中国对美国的出口金额占中国全部出口的16.2%；中国从美国获得的进出口顺差，占中国全部进出口顺差的47.1%。美国是中国的最大贸易国。

二、我国海关货物出口的前十个国家（地区）

下面选取我国入世前一年的2000年，以及入世后的2005年、2010年、2015年，考察我国海关货物出口的前十个国家（地区）。

1. 2000年我国海关货物出口的前十个国家（地区）

表3-2（a）是2000年我国海关货物出口的十个主要国家（地区）。

表3-2（a） 我国海关货物出口的十个主要国家（地区）（2000年）

序号	国家（地区）	出口/万美元	占比/%	进口/万美元	净出口/万美元	占比/%
	总额	24920255	100.0	22509373	2410882	100.0
1	美国	5209922	20.9	2236315	2973607	123.3
2	中国香港	4451829	17.9	942901	3508928	145.5
3	日本	4165431	16.7	4150968	14463	0.6
4	韩国	1129236	4.5	2320741	−1191505	−49.4
5	德国	927779	3.7	1040871	−113092	−4.7
6	荷兰	668722	2.7	123623	545099	22.6

续表

序号	国家（地区）	出口/万美元	占比/%	进口/万美元	净出口/万美元	占比/%
7	英国	631010	2.5	359247	271763	11.3
8	中国台湾	503900	2.0	2549356	-2045456	-84.8
9	意大利	380202	1.5	307843	72359	3.0
10	法国	370516	1.5	394978	-24462	-1.0

数据来源：根据《中国统计年鉴2001》表17-7整理、计算得到。

从表3-2（a）可见，美国在2000年是中国的第一货物出口国，在中国的全部海关货物出口中，对美国的出口占了20.9%。中国香港地区是我国的第二出口地，但是香港地区本身没有太大的生产、制造、消费能力，可以确定香港地区从我国进口的货物有很大一部分是转口销售到其他国家（地区）。这样看来，美国从中国的进口就占有更加重要的地位了。

从净出口看，2000年中国对美国货物贸易的顺差占中国全部顺差的123%。也就是说，假如取消中国对美国的贸易，那么从整体上看，中国就将由顺差国转变为逆差国。这显示了中美贸易对于中国外贸的极为重要的影响。这里还需说明一下中国香港。从表2-3（a）来看，我国从香港地区获得的顺差超过了我国从美国获得的顺差，但是如前所述，我国对香港地区的出口很大一部分实际上是转口贸易，最终目的地并不是香港。

以上是我国加入WTO之前的情况，我国加入WTO之后的货物出口情况如下面3个分表所示。

2. 2005年我国海关货物出口的前十个国家（地区）

表3-2（b）是2005年我国海关货物出口的十个主要国家（地区）。

表3-2（b） 我国海关货物出口的十个主要国家（地区）（2005年）

序号	国家（地区）	出口/万美元	占比/%	进口/万美元	净出口/万美元	占比/%
	总额	76195341	100.0	65995276	10200065	100.0
1	美国	16289075	21.4	4862177	11426898	112.0
2	中国香港	12447325	16.3	1222478	11224847	110.0

续表

序号	国家（地区）	出口/万美元	占比/%	进口/万美元	净出口/万美元	占比/%
3	日本	8398628	11.0	10040768	-1642140	-16.1
4	韩国	3510778	4.6	7682040	-4171262	-40.9
5	德国	3252713	4.3	3072293	180420	1.8
6	荷兰	2587574	3.4	292672	2294902	22.5
7	英国	1897647	2.5	552378	1345269	13.2
8	新加坡	1663226	2.2	1651460	11766	0.1
9	中国台湾	1654956	2.2	7468033	-5813077	-57.0
10	俄罗斯	1321128	1.7	1588994	-267866	-2.6

数据来源：根据《中国统计年鉴2006》表18-8整理、计算得到。

从表3-2（b）来看，我国加入WTO后的2005年的对外出口情况与加入WTO之前的2000年有相似之处。按出口额从高到低排序的前7名，2005年与2000年相比，不仅国家（地区）是相同的，而且顺序也是相同的，即美国、中国香港、日本、韩国、德国、荷兰、英国。但是差别也是明显的：从金额上看，出口额成倍增加了。2000年我国的出口总额是2492亿美元，2005年我国的出口总额是7619亿美元，是2000年的3倍多。我国对美国的出口在2000年是521亿美元，在2005年增加到1629亿美元，是2000年的3倍多。

在2005年，我国对美国的出口占我国全部出口的21.4%，从美国获得的顺差占全部顺差的112.0%。美国依然是我国最重要的贸易国。

3. 2010年我国海关货物出口的前十个国家（地区）

表3-2（c）是2010年我国海关货物出口的十个主要国家（地区）。

表3-2（c） 我国海关货物出口的十个主要国家（地区）（2010年）

序号	国家（地区）	出口/万美元	占比/%	进口/万美元	净出口/万美元	占比/%
	总额	157775432	100.0	139624401	18151031	100.0
1	美国	28328655	18.0	10209873	18118782	99.8
2	中国香港	21830205	13.8	1226042	20604163	113.5

续表

序号	国家（地区）	出口/万美元	占比/%	进口/万美元	净出口/万美元	占比/%
3	日本	12104349	7.7	17673610	−5569261	−30.7
4	韩国	6876626	4.4	13834885	−6958259	−38.3
5	德国	6804718	4.3	7426122	−621404	−3.4
6	荷兰	4970423	3.2	647897	4322526	23.8
7	印度	4091496	2.6	2084625	2006871	11.1
8	英国	3876704	2.5	1130519	274685	15.1
9	新加坡	3234723	2.1	2472875	761848	4.2
10	意大利	3113944	2.0	1400680	1713264	9.4

数据来源：根据《中国统计年鉴2011》表6-7整理、计算得到。

从我国出口目的国（地区）前几名的排序看，前6名没有改变。印度顶替原来的英国，成为第7名。从金额来看，经过5年的时间，我国2005年的出口额是2000年的3倍，而同样经过5年，我国在2010年的出口额仅是2005年的2倍。我国对美国出口的增长情况大致相似。在2010年，美国依然是我国的第一出口国。我国对美国的顺差几乎相当于我国的全部对外顺差。

4. 2015年我国海关货物出口的前十个国家（地区）

到2015年，情况有明显改变，如表3-2（d）所示。

表3-2（d） 我国海关货物出口的十个主要国家（地区）（2015年）

序号	国家（地区）	出口/万美元	占比/%	进口/万美元	净出口/万美元	占比/%
	总额	227346822	100.0	167956450	59390372	100.0
1	美国	40921390	18.0	14780907	26140483	44.0
2	中国香港	33046279	14.5	1274581	31771698	53.5
3	日本	13561644	6.0	14290257	−728613	−1.2
4	韩国	10128638	4.5	17450608	−7321970	−12.3
5	德国	6915483	3.0	8762336	−1846853	−3.1
6	越南	6601702	2.9	298375	3618527	6.1

85

续表

序号	国家（地区）	出口/万美元	占比/%	进口/万美元	净出口/万美元	占比/%
7	英国	595607	2.6	1893374	4063333	6.8
8	荷兰	5945338	2.6	877776	5067562	8.5
9	印度	5822803	2.6	1336855	4485948	7.6
10	新加坡	5194244	2.3	2758076	2436168	4.1

数据来源：根据《中国统计年鉴2016》表11-6整理、计算得到。

从总额来看，我国2015年出口总额为22735亿美元，是2010年15778亿美元的1.4倍。2015年进口总额为16796亿美元，是2010年13962亿美元的1.2倍。2015年与2010年相比，我国出口总额的增长速度快于进口，这必然使得顺差增长得更快一些：2015年我国的顺差总额为5939亿美元，是2010年1815亿美元的3.3倍。在2015年，美国依然是我国的第一出口国，我国对美国的出口额占我国全部出口额的比重为18.0%，与2010年相同。但是，我国从对美出口中所获得的顺差，只占我国全部顺差的44.0%，从比重上看，比2010年的99.8%下降了一半还多。类似地，我国从香港地区获得的顺差仅占53.5%，比2010年的113.5%下降了一半多。此外，从日本获得的逆差金额大幅降低。

第二节 我国同各国（地区）的货物贸易发展

从上节各表中可以看到，我国的货物进出口国家（地区）主要是在北美洲、亚洲、欧洲，下面从中选取若干国家（地区），考察中国与其的货物贸易情况。

一、我国同北美国家（地区）的货物贸易

从上节可见，美国是中国的重要贸易国。在考察我国与北美国家（地区）的货物贸易时，选取美国作为代表。下面按照商品类别进行分析。这里根据WTO的国际贸易货物分类方法进行分类，简写为MTN分类（Multilateral Trade Negotiations Categories）。

第三章 我国对外货物贸易发展

（一）中国对美国出口货物

1. 我国加入WTO前期向美国的出口

下面选取我国入世前期的 2005 年、2009 年进行分析。为了对比，加上我国入世前一年的 2000 年，具体如表 3-3（a）所示。每年出口额之后的占比，是该年各项目出口额占该年出口总额的比重。

表 3-3（a） 中国向美国出口货物（我国入世前期）

项目	2000年/千美元	占比/%	2005年/千美元	占比/%	2009年/千美元	占比/%
01-动物产品	8812	0.0	33794	0.0	49148	0.0
02-乳品	0	0.0	184	0.0	0	0.0
03-水果、蔬菜、植物	286304	0.3	751657	0.3	1143926	0.4
04-咖啡与茶	38808	0.0	90968	0.0	82244	0.0
05-谷物	96268	0.1	170406	0.1	240683	0.1
06-油籽、脂、油	12455	0.0	49069	0.0	86077	0.0
07-糖与甜食	25730	0.0	87546	0.0	127464	0.0
08-酒与烟草	71977	0.1	215789	0.1	390163	0.1
09-棉花	1	0.0	6	0.0	119	0.0
10-其他农产品	299664	0.3	512354	0.2	723530	0.2
11-鱼与鱼产品	584459	0.6	1449407	0.6	2047699	0.7
12-矿物与金属	7577657	7.7	18937181	7.9	20130275	6.9
13-石油	373551	0.4	405331	0.2	112738	0.0
14-化学产品	4526076	4.6	10835596	4.5	15069079	5.2
15-木与纸等	5950151	6.0	17231338	7.2	17678841	6.1
16-纺织品	4512175	4.6	12474581	5.2	14505188	5.0
17-衣物	6191503	6.3	16772644	7.0	24336818	8.3
18-皮革与鞋等	11818541	12.0	16625010	6.9	17044770	5.8
19-非电气机器	13589622	13.8	52571317	21.9	66185301	22.7
20-电气机器	16853730	17.1	46170278	19.3	65780511	22.5

续表

项目	2000年/千美元	占比/%	2005年/千美元	占比/%	2009年/千美元	占比/%
21-运输设备	1885418	1.9	4500973	1.9	5354759	1.8
22-制造品	23741880	24.1	39856301	16.6	40725358	14.0
合计	98444783	100.0	239741730	100.0	291814692	100.0

数据来源：根据WTO网站https://stats.wto.org/数据整理、计算得到。

（1）我国于2001年底加入WTO，在之前的2000年，我国对美货物出口为984亿美元。其中乳品的出口金额为0，棉花的出口金额为1000美元，近似为0。此外，动物产品出口额为881万美元，占该年中国对美出口的比重为0.0%。咖啡与茶的出口额为3881万美元，油籽、脂、油的出口额为1246万美元，糖与甜食的出口额为2573万美元，这几项的出口额虽然都达到千万美元的量级，但占该年中国对美出口总额的比重依然是0.0%。

占该年出口总额的比重低于1%的项目还有水果、蔬菜、植物（2.86亿美元，0.3%），谷物（0.96亿美元，0.1%），酒与烟草（0.72亿美元，0.1%），其他农产品（3.00亿美元，0.3%），鱼与鱼产品（5.84亿美元，0.6%），石油（3.74亿美元，0.4%）。

占比在1%与10%之间的项目是矿物与金属（76亿美元，7.7%）、化学产品（45亿美元，4.6%）、木与纸等（59亿美元，6.0%）、纺织品（45亿美元，4.6%）、衣物（62亿美元，6.3%）、运输设备（19亿美元，1.9%）。

大于10%的项目是皮革与鞋等（118亿美元，12.0%）、非电气机器（136亿美元，13.8%）、电气机器（169亿美元，17.1%）、制造品（237亿美元，24.1%）。

（2）在我国加入WTO不久后的2005年，一方面，我国对美货物出口总额增加很多，从2000年的984亿美元增加到2005年的2397亿美元，年均增长48%左右；另一方面，2005年各项目出口金额在出口总额中的比重的总体格局，与2000年基本相似。但就具体项目来说，还是有些变化的：皮革与鞋等，出口占比从2000年的12.0%降低到2005年的6.9%；非电气机器，出口占比从2000年的13.8%增加到2005年的21.9%；制造品，出口占比从 2000 年的 24.1% 降低到 2005 年的 16.6%。

（3）到了 2009 年，各项目占比与 2005 年的总体格局基本相似，另外几个大项基本维持了从 2000 年到 2005 年的变化趋势：皮革与鞋等，出口占比在从 2000 年的 12.0% 降低到 2005 年的 6.9% 后，继续下降为 2009 年的 5.8%；非电气机器，出口占比在从 2000 年的 13.8% 增加到 2005 年的 21.9% 后，继续增加为 2009 年的 22.7%；制造品，出口占比在从 2000 年的 24.1% 降低到 2005 年的 16.6% 后，继续降低到 2009 年的 14.0%。

此外，电气机器出口占比从 2000 年的 17.1% 小幅增加到 2005 年的 19.3%，再小幅增加到 2009 年的 22.5%。

（4）在 2000 年，出口占比最高的前 3 项依次是制造品（24.1%）、电气机器（17.1%）、非电气机器（13.8%）。到 2009 年，前 3 项依次为非电气机器（22.7%）、电气机器（22.5%）、制造品（14.0%）。前 3 名的名次，颠倒了过来。

2. 近几年我国向美国的出口

表 3-3（b）包含了 2017 年中国对美国货物出口的数据，这是中美贸易摩擦升级前的最后一年。然后是 2019 年，这是新冠疫情发生前的最后一年。最后是 2021 年，这是含有最新数据的一年。

表 3-3（b） 中国向美国出口货物（近几年）

项目	2017 年/千美元	占比/%	2019 年/千美元	占比/%	2021 年/千美元	占比/%
01-动物产品	51050	0.0	46131	0.0	12573	0.0
02-乳品	93	0.0	203	0.0	134	0.0
03-水果、蔬菜、植物	1837597	0.4	1437648	0.3	1523005	0.3
04-咖啡与茶	198506	0.0	188736	0.0	157334	0.0
05-谷物	550644	0.1	663312	0.1	807159	0.2
06-油籽、脂、油	133862	0.0	84646	0.0	94941	0.0
07-糖与甜食	157686	0.0	123750	0.0	116367	0.0
08-酒与烟草	382806	0.1	162331	0.0	178237	0.0

续表

项目	2017年/千美元	占比/%	2019年/千美元	占比/%	2021年/千美元	占比/%
09-棉花	130	0.0	28	0.0	28	0.0
10-其他农产品	1156673	0.2	1017573	0.2	1170446	0.2
11-鱼与鱼产品	2696434	0.5	1906022	0.4	1673522	0.3
12-矿物与金属	33626314	6.8	30836647	6.9	33560868	6.9
13-石油	248122	0.0	73097	0.0	2837	0.0
14-化学产品	30151450	6.1	31330559	7.1	42403751	8.7
15-木与纸等	32281275	6.5	26728990	6.0	26558046	5.4
16-纺织品	21686920	4.4	20318584	4.6	22043471	4.5
17-衣物	27150711	5.5	25686574	5.8	20533565	4.2
18-皮革与鞋等	19590671	3.9	16990426	3.8	17160652	3.5
19-非电气机器	113401825	22.8	94611295	21.3	113926026	23.3
20-电气机器	138957257	27.9	124147233	28.0	124769553	25.5
21-运输设备	15407256	3.1	14042239	3.2	16025860	3.3
22-制造品	57818976	11.6	53458425	12.0	66897656	13.7
合计	497486258	100.0	443854450	100.0	489616031	100.0

数据来源：根据 WTO 网站 https：//stats.wto.org/ 数据整理、计算得到。

（1）在 2017 年，制造品出口占比进一步下降，从 2009 年的 14.0% 下降到 11.6%。电气机器出口占比继续上升，从 2009 年的 22.5% 上升到 27.9%。非电气机器出口占比则几乎不变，2017 年为 22.8%，与 2009 年的 22.7% 几乎相同。

运输设备虽然出口金额不大，但是占比变化较大。在 2000 年、2005 年、2009 年基本在 1.8% 左右，到了 2017 年，上升为 3.1%。皮革与鞋等的出口占比进一步下降，从 2000 年的 12.0% 降低到 2005 年的 6.9%，继续下降为 2009 年的 5.8%，再下降为 2017 年的 3.9%。

总体来说，2017 年与 2009 年相比，除了电气机器的出口占比上升明显以外，其他各项的变化相对较小，基本维持了 2009 年的总体格局。

（2）在 2019 年，除了化学产品出口占比从 2017 年的 6.1% 上升到

7.1%、非电气机器出口占比从 2017 年的 22.8% 下降到 21.3% 这样较小的变化外，出口占比没有较大的变化。这说明中美贸易摩擦升级在早期对于中国对美国出口的各组成项目的比重没有较大的影响。但是，中国对美国货物出口的总额发生了明显的变化：从 2017 年的 4975 亿美元减少为 2019 年的 4439 亿美元，下降了 10.8%。

（3）在 2021 年，中国对美国货物出口的总额为 4896 亿美元，虽然低于 2017 年的 4975 亿美元，但比 2019 年的 4439 亿美元增长了 10.3%。

（4）从几个大的项目来看，制造品出口占比在这几年稳步小幅上升，从 2017 年的 11.6% 上升为 2019 年的 12.0%，再上升为 2021 年的 13.7%。电气机器出口占比有所下降，从 2017 年、2019 年的 28% 左右，下降为 2021 年的 25.5%。非电气机器出口占比 2019 年比 2017 年小幅下降，然后是 2021 年小幅上升，但从金额上看，2021 年与 2017 年基本相同。

（二）我国向美国出口货物占美国进口比重

以上是我国 20 多年来对美国货物出口的情况。中国对美国的出口，同时也是美国从中国的进口。下面考察美国从世界的进口，并与美国从中国的进口进行比较，这样可以更好地分析中国对美国的出口。为了对比，表 3-4 (a)(b) 选择的年份也与前面表 3-3 (a)(b) 的年份相同。

1. 我国入世前期美国从世界进口货物与我国占比

具体如表 3-4 (a) 所示。

表 3-4 (a)　美国从世界进口货物与我国占比（我国入世前期）

项目	2000 年/百万美元	占比/%	2005 年/百万美元	占比/%	2009 年/百万美元	占比/%
01- 动物产品	5744	0.2	7814	0.4	6595	0.7
02- 乳品	920	0.0	1387	0.0	1352	0.0
03- 水果、蔬菜、植物	10166	2.8	15183	5.0	19400	5.9
04- 咖啡与茶	4324	0.9	6059	1.5	7984	1.0
05- 谷物	4040	2.4	6639	2.6	9915	2.4

91

续表

项目	2000年/百万美元	占比/%	2005年/百万美元	占比/%	2009年/百万美元	占比/%
06-油籽、脂、油	1979	0.6	3219	1.5	5065	1.7
07-糖与甜食	1489	1.7	2373	3.7	2869	4.4
08-酒与烟草	9879	0.7	14839	1.5	17232	2.3
09-棉花	29	0.0	22	0.0	14	0.8
10-其他农产品	3347	9.0	3735	13.7	4422	16.4
11-鱼与鱼产品	9986	5.9	12019	12.1	13135	15.6
12-矿物与金属	132247	5.7	214848	8.8	173537	11.6
13-石油	84738	0.4	194810	0.2	201526	0.1
14-化学产品	84917	5.3	144150	7.5	164604	9.2
15-木与纸等	56333	10.6	78947	21.8	54669	32.3
16-纺织品	22925	19.7	32256	38.7	29734	48.8
17-衣物	59085	10.5	70712	23.7	64222	37.9
18-皮革与鞋等	29754	39.7	38054	43.7	35574	47.9
19-非电气机器	180670	7.5	221405	23.7	206291	32.1
20-电气机器	173782	9.7	193884	23.8	202053	32.6
21-运输设备	184454	1.0	220219	2.0	150933	3.5
22-制造品	90957	26.1	113700	35.1	111488	36.5
合计	1151765	8.5	1596275	15.0	1482615	19.7

数据来源：根据WTO网站 https://stats.wto.org/ 数据整理、计算得到。

在表3-4（a）及之后的表3-4（b）中，"占比"是指美国从中国的进口[即中国向美国的出口，该数据见表3-3（a）（b）这2个分表]，占美国从世界进口[数据见表3-4（a）（b）这2个分表]的比重。

（1）首先考察2000年的情况。第1项动物产品，和以前明显不一样。在表3-3（a）（b）2个分表中，美国从中国进口的动物产品，在美国从中国进口的所有产品总额中占的比重历年都为0.0%，或者说可以忽略不计。而如果从美国从世界进口的角度看，2000年美国从中国进口的动物产品占美国从世界进口的动物产品的0.2%。这个比重虽然还是很低，但比前述比重

第三章 我国对外货物贸易发展

0.0%高了若干倍。

还有一些项目也是类似情况,即其占美国从世界进口货物的比重(以下简称美国世界占比,见表3-4),比其占中国向美国出口货物的比重(以下简称中国占比,见表3-3)高几倍。如水果、蔬菜、植物,2000年在中国出口各项中的占比为0.3%,而在该年的美国世界占比中,高达2.8%,是前一个比重的9倍多。咖啡与茶,其中国占比为0.0%,美国世界占比为0.9%,相差9倍以上。油籽、脂、油,其中国占比为0.0%,美国世界占比为0.6%,相差6倍以上。糖与甜食,其中国占比为0.0%,美国世界占比为1.7%,相差17倍以上。酒与烟草,其中国占比为0.1%,美国世界占比为0.7%,相差6倍。鱼与鱼产品,其中国占比为0.6%,美国世界占比为5.9%,相差近9倍。纺织品,其中国占比为4.6%,美国世界占比为19.7%,后者是前者的4倍多。皮革与鞋等,其中国占比为12.0%,美国世界占比为39.7%,后者是前者的3倍多。

有些产品的美国世界占比比中国占比高出二三十倍。如谷物,2000年其中国占比为0.1%,而其美国世界占比为2.4%,相差23倍。其他农产品,2000年其中国占比为0.3%,而其美国世界占比为9.0%,相差29倍。

有些产品的美国世界占比虽高于其中国占比,但没有几倍的差距。如木与纸等,其美国世界占比为10.6%,明显高于其中国占比6.0%,但没有达到几倍的差距。衣物,其美国世界占比为10.5%,高于其中国占比6.3%,但高出不到1倍。

有些产品的中国占比与其美国世界占比基本持平。例如石油,其中国占比与美国世界占比均为0.4%。化学产品,其中国占比为4.6%,其美国世界占比为5.3%,大体相等。制造品的中国占比为24.1%,其美国世界占比为26.1%,大体相同。

有些产品的中国占比很低,美国世界占比依然很低。例如棉花,其中国占比为0.0%,美国世界占比依然为0.0%。

有些产品的美国世界占比低于其中国占比。例如矿物与金属,其美国世界占比为5.7%,低于其中国占比7.7%。运输设备,其美国世界占比为1.0%,低于其中国占比1.9%。非电气机器,其美国世界占比仅为7.5%,大约是其中国占比13.8%的一半。电气机器，其美国世界占比为9.7%，大约是其中国占比17.1%的一半。

总体来看，在22个中国向美国出口货物项目中，序号在前面的各项，一般来说其中国占比、美国世界占比较小。此外，美国世界占比往往高于其中国占比。

（2）从入世前的2000年到入世后的2005年，这短短的几年时间里，很多项目发生了明显的变化。例如非电气机器、电气机器。

非电气机器、电气机器的美国世界占比，2005年相比2000年都增加了几倍。非电气机器2000年、2005年的美国世界占比分别为7.5%、23.7%。电气机器2000年、2005年的美国世界占比分别为9.7%、23.8%。

值得注意的是：从2000年到2005年，美国从世界进口的非电气机器、电气机器的金额并没有增加多少。非电气机器这两年的金额分别是1806.70亿美元、2214.05亿美元，增加的金额为407.35亿美元，增长幅度为22.5%。电气机器从1737.82亿美元增加到1938.84亿美元，增加了201.02亿美元，增长幅度为11.6%。

而同期中国对美出口的非电气机器从135.90亿美元增加到525.71亿美元，增加了389.81亿美元，增长幅度为286.8%。中国对美出口的电气机器从168.54亿美元增加到461.70亿美元，增加了293.16亿美元，增长幅度为173.9%。

也就是说，从2000年到2005年，美国从全世界进口的非电气机器的增加金额为407.35亿美元，而来自中国的进口增加了389.81亿美元，这意味着美国从全世界的进口增加额几乎全部来自中国的对美出口增长。对于电气机器来说，从2000年到2005年，美国从全世界的进口增加了201.02亿美元，而来自中国的进口增加了293.16亿美元，这意味着不仅美国进口的增加额全部来自中国，而且美国削减了从别的国家的进口。

总体来看，从2000年到2005年，中国对美出口增加迅猛，在全部22个项目中，有7项已经占据美国全部进口的20%以上，甚至有的项目接近50%。从总量看，2000年美国从中国进口的金额占美国全部进口金额的8.5%，而到了2005年，这一比重上升到了15.0%，几乎增加了一倍。中国

第三章 我国对外货物贸易发展

成为美国重要的贸易伙伴。

（3）2009年与2005年相比，有3个交易额较小的项目，其美国世界占比在下降。这3个项目是：咖啡与茶，从1.5%下降到1.0%；谷物，从2.6%下降到2.4%；石油，从0.2%下降到0.1%。其中的谷物，虽然美国世界占比下降了，但是其中国对美出口金额却明显增加，从2005年的1.70亿美元增加到2009年的2.41亿美元，增长了41.8%，这说明同期美国从世界进口的增长速度快于从中国进口的增长速度。中国对美出口额下降比较多的是石油，从2005年的4.05亿美元下降到2009年的1.13亿美元，可谓断崖式下降。同期，中国对美出口额下降的还有乳品，但因为其美国世界占比为0.0%，所以从美国世界占比这个指标上不易看出其变化。

除了上述3项外的其他各项，不论是出口金额，还是美国世界占比，从2005年到2009年都在增加。其中：木与纸等，从21.8%上升到32.3%；纺织品，从38.7%上升到48.8%；衣物，从23.7%上升到37.9%；非电气机器，从23.7%上升到32.1%；电气机器，从23.8%上升到32.6%。美国从中国进口总额占其从全世界进口总额的比重，也从2005年的15.0%上升到2009年的19.7%。在美国的进口国中，中国的地位进一步加强。

2. 近几年美国从世界进口货物与我国占比

下面考察2017年、2019年、2021年的情况。如表3-4（b）所示。

表3-4（b） 美国从世界进口货物与我国占比（近几年）

项目	2017年/百万美元	占比/%	2019年/百万美元	占比/%	2021年/百万美元	占比/%
01-动物产品	11648	0.4	12642	0.4	16442	0.1
02-乳品	1827	0.0	2128	0.0	2385	0.0
03-水果、蔬菜、植物	36250	5.1	39512	3.6	46657	3.3
04-咖啡与茶	12277	1.6	11743	1.6	13596	1.2
05-谷物	15789	3.5	20997	3.2	25579	3.2
06-油籽、脂、油	9702	1.4	8970	0.9	13492	0.7
07-糖与甜食	4116	3.8	4263	2.9	5051	2.3

续表

项目	2017年/百万美元	占比/%	2019年/百万美元	占比/%	2021年/百万美元	占比/%
08-酒与烟草	26841	1.4	29814	0.5	33797	0.5
09-棉花	25	0.5	17	0.2	23	0.1
10-其他农产品	8253	14.0	8423	12.1	10264	11.4
11-鱼与鱼产品	21717	12.4	22153	8.6	28225	5.9
12-矿物与金属	244464	13.8	241138	12.8	317326	10.6
13-石油	154493	0.2	172487	0.0	187069	0.0
14-化学产品	238791	12.6	286113	11.0	342740	12.4
15-木与纸等	92654	34.8	92560	28.9	117890	22.5
16-纺织品	44527	48.7	46484	43.7	55706	39.6
17-衣物	80549	33.7	85959	29.9	83616	24.6
18-皮革与鞋等	57445	34.1	61359	27.7	71737	23.9
19-非电气机器	344177	32.9	376105	25.2	419564	27.2
20-电气机器	332054	41.8	328827	37.8	380746	32.8
21-运输设备	326156	4.7	344704	4.1	310135	5.2
22-制造品	171699	33.7	184475	29.0	218823	30.6
合计	2235457	22.3	2380872	18.6	2700865	18.1

数据来源：根据WTO网站https：//stats.wto.org/数据整理、计算得到。

（1）可以看到，2017年美国从中国进口的金额占了美国从全世界进口金额的22.3%，高于2009年的19.7%。这个比重是经过8年后达到的，提升的速度不算很快。

与此同时，很多项目的美国世界占比下降了。例如皮革与鞋等，从2009年的47.9%下降到2017年的34.1%。

只有少数项目有明显提升，其中最显著的是电气机器，从2009年的32.6%上升到2017年的41.8%。回顾表3-3（a）（b）可以看到，美国从中国进口的总额从2009年的2918亿美元增加到2017年的4975亿美元，增加了2057亿美元，其中电气机器从2009年的658亿美元增加到2017年的1390亿美元，增加了732亿美元，占中国对美出口全部增加额2057亿美元的三分之一以上。

从金额上看，增加额第二多的是非电气机器，从2009年的662亿美元增加到2017年的1134亿美元，增加了472亿美元。但是该项的美国世界占比基本没变，2009年是32.1%，2017年是32.9%。

（2）到了2019年，在美国从世界进口金额比2017年有所增加的情况下，美国从中国进口的金额从2017年的4975亿美元减少为2019年的4439亿美元，减少了536亿美元。其中减少最大的两项是非电气机器（减少了188亿美元）、电气机器（减少了149亿美元）。美国从中国进口总额占美国从世界进口总额的比重下降为18.6%，这不仅低于2017年的22.3%，甚至低于2009年的19.7%。这可以视为中美贸易摩擦加剧所带来的对中国对美出口的不利影响。

（3）在2021年，中国对美出口总额为4896亿美元，比2019年增加了457亿美元，增长了10.3%。同期美国从全世界的进口从2019年的23809亿美元增加到2021年的27009亿美元，增加了3200亿美元，增长幅度为13.4%，高于从中国进口的增长速度。

（三）我国从美国进口、净出口、进口构成

前面都是考察我国对美国的出口，下面考察我国从美国的进口，以及相应的净出口、进口构成。为节省篇幅，仅考察4年。

1. 2005年与2017年我国从美国进口货物与净出口

具体如表3-5（a）所示。

表3-5（a） 中国从美国进口货物与净出口（2005年、2017年）

项目	2005年 进口/百万美元	2005年 净出口/百万美元	占比/%	2017年 进口/百万美元	2017年 净出口/百万美元	占比/%
01-动物产品	266	−257	0.5	1203	−1152	0.8
02-乳品	60	−60	0.1	426	−426	0.3
03-水果、蔬菜、植物	188	98	0.4	1132	705	0.7

续表

项目	2005年 进口/百万美元	2005年 净出口/百万美元	2005年 占比/%	2017年 进口/百万美元	2017年 净出口/百万美元	2017年 占比/%
04-咖啡与茶	17	22	0.0	55	143	0.0
05-谷物	207	-111	0.4	2064	-1513	1.3
06-油籽、脂、油	3176	-3163	6.5	14151	-14018	9.2
07-糖与甜食	17	9	0.0	79	79	0.1
08-酒与烟草	33	39	0.1	322	61	0.2
09-棉花	1470	-1470	3.0	983	-983	0.6
10-其他农产品	879	-579	1.8	2182	-1026	1.4
11-鱼与鱼产品	411	174	0.8	1505	1192	1.0
12-矿物与金属	4815	2763	9.9	17835	15791	11.6
13-石油	219	154	0.5	3658	-3410	2.4
14-化学产品	7733	-3207	15.9	20689	9463	13.5
15-木与纸等	2730	3220	5.6	9033	23248	5.9
16-纺织品	784	3728	1.6	1099	20588	0.7
17-衣物	11	6180	0.0	27	27124	0.0
18-皮革与鞋等	595	11223	1.2	1573	18018	1.0
19-非电气机器	8274	5315	17.0	16483	96919	10.8
20-电气机器	8028	8825	16.5	16665	122293	10.9
21-运输设备	4270	-2384	8.8	29201	-13793	19.1
22-制造品	4391	19350	9.0	12834	44985	8.4
合计	48574	49868	100.0	153201	344285	100.0

数据来源：根据WTO网站https://stats.wto.org/数据整理、计算得到。

（1）表3-5（a）数据的第1列是2005年中国从美国进口货物的金额，第2列是该年中国对美出口货物金额减去前列的进口金额后的净出口金额，其中中国对美出口货物金额来自表3-3（a）（b）。第3列是该年的22项中国进口货物的每一项除以该年中国从美国进口货物总额的百分比，即进口货物的百分比构成。后面2017年的3列的含义与前面2005年的3列相对应。

第三章 我国对外货物贸易发展

可以看到，2005年中国从美国进口货物的总额为485.74亿美元，其中进口额最大的项目是非电气机器，占全部进口额的17.0%，其次是电气机器，占全部进口额的16.5%，然后是化学产品，占全部进口额的15.9%。这三项加起来基本占全部进口额的一半。

现在考察净出口。2005年中国对美货物贸易的净出口为498.68亿美元。这个净出口金额高于该年中国从美国进口货物的总额485.74亿美元。

在该年中国对美顺差的各项目中，贡献最大的是制造品，该项的净出口额为193.50亿美元；其次是皮革与鞋等，净出口额为112.23亿美元；再次是电气机器，净出口额为88.25亿美元。

在该年中国对美逆差的各项目中，逆差最大的是化学产品，逆差额为32.07亿美元；其次是油籽、脂、油，逆差额为31.63亿美元；再次是运输设备，逆差额为23.84亿美元。可以看出，逆差项的金额一般都明显小于顺差项的金额。

（2）十几年后的2017年，中国从美国进口货物的金额为1532.01亿美元，是2005年的485.74亿美元的3.2倍。该年中国从对美货物贸易中获得的顺差是3442.85亿美元，是2005年的498.68亿美元的6.9倍。中国从对美货物贸易中获得的顺差的增长速度，远高于中国从美国进口货物金额的增长速度。

在中国2017年从美国进口的货物中，占比最高的是运输设备，占全部进口额的19.1%；其次是化学产品，占13.5%；然后是矿物与金属，占11.6%。

对中国顺差贡献最大的项目是电气机器，净出口为1222.93亿美元；其次是非电气机器，净出口为969.19亿美元；然后是制造品，净出口为449.85亿美元。

逆差最大的项目是油籽、脂、油，逆差额为140.18亿美元；其次是运输设备，逆差额为137.93亿美元。

2017年与2005年相比，化学产品由逆差32.07亿美元，逆转为顺差94.63亿美元。木与纸等、纺织品、衣物等的顺差金额都提高了数倍。非电气机器、电气机器的顺差金额都提高了十几倍。可以说，除了少数几项外，2017年中国在对美货物贸易中占有优势。

2. 2019年与2021年我国从美国进口货物与净出口

到了2019年，中国在对美货物贸易中的优势地位大大削弱。具体如表3-5（b）所示。

表3-5（b） 中国从美国进口货物与净出口（2019年、2021年）

项目	2019年 进口/百万美元	净出口/百万美元	占比/%	2021年 进口/百万美元	净出口/百万美元	占比/%
01-动物产品	160	-114	0.1	2592	-2579	1.5
02-乳品	60	-60	0.0	484	-484	0.3
03-水果、蔬菜、植物	941	497	0.6	1212	311	0.7
04-咖啡与茶	46	143	0.0	68	89	0.0
05-谷物	689	-25	0.4	9566	-8759	5.6
06-油籽、脂、油	358	-273	0.2	13397	-13302	7.9
07-糖与甜食	43	81	0.0	137	-20	0.1
08-酒与烟草	110	52	0.1	497	-319	0.3
09-棉花	1025	-1025	0.7	1596	-1596	0.9
10-其他农产品	581	437	0.4	2498	-1327	1.5
11-鱼与鱼产品	1163	743	0.8	1180	493	0.7
12-矿物与金属	5598	25239	3.6	26210	7351	15.4
13-石油	3640	-3567	2.4	5740	-5737	3.4
14-化学产品	19841	11489	12.9	26787	15617	15.7
15-木与纸等	2148	24581	1.4	5189	21369	3.0
16-纺织品	596	19722	0.4	785	21259	0.5
17-衣物	5	25681	0.0	16	20518	0.0
18-皮革与鞋等	610	16380	0.4	885	16276	0.5
19-非电气机器	31503	63108	20.4	19109	94817	11.2
20-电气机器	19645	104503	12.7	21658	103111	12.7
21-运输设备	55354	-41312	35.9	16930	-904	9.9
22-制造品	10052	43407	6.5	13632	53266	8.0
合计	154168	289687	100.0	170166	319450	100

数据来源：根据WTO网站 https://stats.wto.org/ 数据整理、计算得到。

第三章　我国对外货物贸易发展

（1）与 2017 年相比，2019 年中国从美国进口货物的金额几乎没变，分别是 1532.01 亿美元、1541.68 亿美元，增加了 9.67 亿美元。但是中国从对美货物贸易中获得的顺差却大大减少了，从 2017 年的 3442.85 亿美元减少为 2019 年的 2896.87 亿美元，减少了 545.98 亿美元。

2019 年电气机器所获得的顺差为 1045.03 亿美元，与 2017 年的 1222.93 亿美元较为接近，减少了 177.90 亿美元，下降幅度为 14.5%。而别的几个大项下降幅度更大。2017 年的第二顺差项为非电气机器，顺差额为 969.19 亿美元，到了 2019 年减少为 631.08 亿美元，减少了 338.11 亿美元，下降幅度为 34.9%。

2019 年，中国从美国进口的运输设备在中国从美国的全部进口中所占的比重，从 2017 年的 19.1% 上升到了惊人的 35.9%。毫不意外地，运输设备成为该年中国最大的逆差项目，逆差额为 413.12 亿美元。

（2）到了 2021 年，中国从美国进口的运输设备占中国从美国全部进口额的比重，从 2019 年的 35.9% 降低为 9.9%。该项目所带来的逆差额也从 2019 年的 413.12 亿美元降低为 9.04 亿美元。

从整体来看，中国在 2021 年的顺差额为 3194.50 亿美元，比 2019 年的 2896.87 亿美元增加了 297.63 亿美元，提高幅度为 10.3%。但是，2021 年的顺差额还是低于 2017 年的顺差额 3442.85 亿美元。

（3）值得注意的是，在这些年里，中国从美国进口的纺织品、衣物、皮革与鞋等在全部进口中所占的比重一直很低，其中衣物所占的比重一直是 0.0%。但是这三项所创造的贸易顺差金额却不小，大约占全部净出口额的五分之一。

另外，中国以往从美国进口的谷物不多，2017 年为 20.64 亿美元，中国在谷物项目上的逆差金额一般也不多，2017 年为 15.13 亿美元。但是在 2021 年，中国从美国进口了 95.66 亿美元的谷物，比 2017 年增加了 75.02 亿美元，是 2017 年的 4.63 倍。2021 年谷物项目形成 87.59 亿美元的逆差，是 2017 年的 5.79 倍，谷物项目成为 2021 年中国对美货物贸易的第二大逆差项。

二、我国同亚洲国家（地区）的货物贸易

下面从亚洲选取日本、韩国、新加坡、印度、泰国、中国香港、中国台湾进行考察。为节省篇幅，仅调用最基本的数据进行简单分析。

（一）我国同日本的货物贸易

回顾第一节的几个表可以看到，日本是我国的主要货物出口国。现在考察我国与日本的货物贸易。首先是我国向日本的出口，然后是我国从日本的进口，以及我国对日本的净出口。

1. 我国向日本出口

在WTO数据库有自2010年至2022年我国向日本出口货物的数据，下面选取较早时期的2010年、2011年，与美国发生贸易摩擦前的2016年、2017年，含最新数据的2021年、2022年进行考察。具体如表3-6所示。

表3-6　我国向日本出口货物

单位：百万美元

项目	2010年	2011年	2016年	2017年	2021年	2022年
01-动物产品	1008	1307	890	1022	924	1012
02-乳品	0	0	0	0	0	0
03-水果、蔬菜、植物	2821	3439	3227	3290	3329	3551
04-咖啡与茶	109	126	105	105	85	82
05-谷物	655	726	571	545	611	656
06-油籽、脂、油	475	249	560	352	489	313
07-糖与甜食	17	21	15	17	28	43
08-酒与烟草	172	208	138	120	97	123
09-棉花	0	0	0	0	0	0
10-其他农产品	900	1169	887	901	980	1091
11-鱼与鱼产品	2642	3145	2501	2689	2519	2627
12-矿物与金属	12790	16500	11975	12912	16616	16510
13-石油	560	397	66	143	375	491

续表

项目	2010年	2011年	2016年	2017年	2021年	2022年
14-化学产品	11399	16338	11852	12899	16602	20044
15-木与纸等	5350	6423	5830	5893	6872	6781
16-纺织品	8322	9991	8459	8643	9000	9394
17-衣物	21052	25158	16976	16745	13895	13904
18-皮革与鞋等	4747	5269	4143	4011	3522	3749
19-非电气机器	26971	31272	26962	28997	35945	34410
20-电气机器	34666	40487	43141	45364	52710	52295
21-运输设备	2795	3438	4056	4353	4815	5268
22-制造品	13724	16134	12479	13758	14537	14740
合计	151177	181796	154833	162759	183950	187082

数据来源：WTO 网站 https://stats.wto.org/。

表 3-6 各数据的单位是百万美元，且小数点后保留 0 位，因此有一些数据由于不到 0.5 百万美元，从而显示为"0"。比如 2022 年我国向日本出口棉花的金额为 20 万美元，在表 3-6 中显示的金额为"0"。

从表 3-6 可以看到，2010 年我国向日本出口了 1512 亿美元的货物，次年上升 20%，达到 1818 亿美元，但是到了 2016 年又降低为 1548 亿美元，几乎和 2010 年的数值相同。其后虽然有所上升，但也基本和 2011 年的出口额差不多。如果查阅未删减年份的从 2010 年到 2022 年的历年数据，可以看到这十几年的出口额基本在以上范围内波动。

在我国向日本出口的各项目中，从 2010 年到 2022 年电气机器一直是金额最大的项目。2010 年电气机器出口额占我国向日本出口总额的 23%，次年为 22%，2016 年、2017 年、2021 年、2022 年基本都是 28%。第二大出口项是非电气机器，在表 3-6 中的 6 年，非电气机器出口额占我国向日本出口总额的比重基本为 18%。

其次比较大的项目是制造品、矿物与金属、化学产品、衣物。其中早期衣物出口较多，在 2010 年衣物的出口金额几乎相当于矿物与金属、化学产品出口金额之和，但后来衣物的出口金额大幅度下降，而矿物与金属、化学产品的出口金额大幅度上升。

乳品、棉花的出口额一直都很小，每年低于50万美元。糖与甜食的出口额也较小，在2010年时为0.17亿美元，逐步上升为2022年的0.43亿美元。

2. 我国从日本进口、净出口

下面考察我国从日本进口货物，以及净出口。选取的年份为早期的2010年、中美贸易摩擦前的2017年、含最新数据的2022年。表3-7中6列数据的前3列为我国从日本进口货物情况，后3列为我国对日本的净出口。

表3-7 我国从日本进口货物与净出口

单位：百万美元

项目	进口 2010年	进口 2017年	进口 2022年	净出口 2010年	净出口 2017年	净出口 2022年
01-动物产品	3	10	5	1004	1012	1007
02-乳品	1	0	0	0	0	0
03-水果、蔬菜、植物	21	65	30	2800	3225	3521
04-咖啡与茶	17	17	80	93	89	2
05-谷物	127	172	186	528	373	470
06-油籽、脂、油	16	12	19	460	340	294
07-糖与甜食	7	17	25	10	0	18
08-酒与烟草	22	116	136	151	4	-13
09-棉花	1	1	0	-1	0	0
10-其他农产品	81	109	83	820	792	1008
11-鱼与鱼产品	305	290	519	2337	2400	2108
12-矿物与金属	23764	19165	19417	-10974	-6252	-2907
13-石油	1878	614	129	-1318	-471	363
14-化学产品	24682	26174	23342	-13283	-13275	-3299
15-木与纸等	2595	3061	1507	2755	2832	5274
16-纺织品	3904	3037	2158	4419	5605	7236
17-衣物	116	90	130	20936	16655	13774

续表

项目	进口			净出口		
	2010年	2017年	2022年	2010年	2017年	2022年
18- 皮革与鞋等	1917	1613	1104	2830	2397	2644
19- 非电气机器	39838	34553	31800	-12867	-5556	2609
20- 电气机器	44364	41926	38492	-9698	3438	13802
21- 运输设备	16670	16986	14005	-13875	-12634	-8737
22- 制造品	15927	17439	12531	-2203	-3681	2209
合计	176255	165465	145699	-25078	-2707	41384

数据来源：根据WTO网站https://stats.wto.org/数据整理、计算得到。

（1）2010年我国从日本进口货物金额为1763亿美元，在之后的十几年里我国每年从日本进口货物的总额与这个数值基本接近。从未删减年份的进口表里可以看到高的年份能达到2057亿美元（2020年），低的年份为1429亿美元（2015年），表3-7的2017年、2022年属于近十几年里进口值偏低的年份。

从各进口项目的占比看，可以看到与各出口项目的占比较为相似。首先，金额最大的进口项目为电气机器。在表3-7的3个年份，电气机器的进口额分别为444亿美元、419亿美元、385亿美元，占进口总额的比重基本稳定在25%左右。第二大进口项目为非电气机器，在表3-7的3个年份，非电气机器进口额占进口总额的比重在21%与23%之间。矿物与金属、化学产品是进口大项，其次的进口大项是运输设备、制造品，基本每年在125亿美元与175亿美元之间。衣物不是进口大项，衣物每年的进口额仅为1亿美元左右。

（2）从净出口看，不同年份之间的总额差别很大。2010年是逆差251亿美元，2017年逆差降低为27亿美元，降低幅度为89%。到了2022年，转为顺差414亿美元。之所以如此，是因为出口在增加，同时进口在减少。

2010年最大的顺差项是衣物（209亿美元），其次是纺织品（44亿美元），再其次是皮革与鞋等（28亿美元），水果、蔬菜、植物（28亿美元），木与纸等（28亿美元），鱼与鱼产品（23亿美元），其余各项一般在10亿美元左右或以下。

2010年最大的逆差项是运输设备（139亿美元），其次是化学产品（133亿美元），再其次是非电气机器（129亿美元）、矿物与金属（110亿美元）、电气机器（97亿美元），其余各项在22亿美元左右或以下。

到了2017年，衣物依然为最大的顺差项，但金额已明显降低（167亿美元）。第二大顺差项依然是纺织品，可是金额提高了（56亿美元）。一个重要的变化是电气机器，从2010年的第五大逆差项（97亿美元），转为2017年的第三大顺差项（34亿美元）。此外，非电气机器、矿物与金属的逆差金额明显减少。

到2022年，电气机器一跃成为最大的顺差项（138亿美元），原先最大的顺差项衣物比电气机器少0.28亿美元，成为第二大顺差项。原来的前四大逆差项非电气机器转为顺差项（26亿美元）。

（二）我国同韩国的货物贸易

韩国是新晋的发达国家，此外从本章第一节的数据表中可以看出，韩国是我国的十个主要贸易国家（地区）之一。

1. 我国向韩国出口

我国向韩国出口货物情况如表3-8所示。

表3-8 我国向韩国出口货物

单位：百万美元

项目	2010年	2011年	2016年	2017年	2021年	2022年
01-动物产品	34	39	45	47	61	74
02-乳品	1	2	0	0	0	0
03-水果、蔬菜、植物	875	1007	1133	1100	1311	1472
04-咖啡与茶	10	24	76	57	45	56
05-谷物	414	551	478	473	670	808
06-油籽、脂、油	205	247	218	211	378	379
07-糖与甜食	77	93	95	113	127	147

续表

项目	2010年	2011年	2016年	2017年	2021年	2022年
08-酒与烟草	93	30	112	119	127	148
09-棉花	0	0	0	1	0	0
10-其他农产品	412	600	381	408	613	686
11-鱼与鱼产品	1040	1176	1178	1187	1231	1259
12-矿物与金属	15190	19261	14873	16346	19943	20994
13-石油	642	750	138	126	130	80
14-化学产品	5901	7854	8296	10780	19636	27961
15-木与纸等	1629	1954	2442	2674	3597	3412
16-纺织品	3137	3787	3711	3719	4657	4816
17-衣物	2743	3383	3357	3268	3542	4061
18-皮革与鞋等	1398	1811	1754	1816	2102	2341
19-非电气机器	9408	10291	11409	13606	19024	19262
20-电气机器	19749	24016	24506	27863	49330	54377
21-运输设备	2583	2257	2027	2001	3635	3986
22-制造品	4237	5055	5682	6593	8201	8257
合计	69778	84188	81909	92507	138363	154576

数据来源：WTO网站 https://stats.wto.org/。

从表3-8可以看出，我国向韩国出口总额的增长情况与向日本出口相比，差别较大。从2010年到2022年，我国向日本出口货物的总额基本稳定，而我国向韩国出口的总额在2010年为698亿美元，次年增长21%，达到842亿美元。其后虽有短暂回落，但出口金额的总体趋势是逐渐上升的。到了2021年、2022年更是上升到1384亿美元、1546亿美元，比2010年增加了一倍左右。

从各项的占比看，2010年电气机器出口金额占全部出口金额的28.3%，以后这个比重基本在逐渐上升，2021年、2022年基本在35%左右。从金额上看，2022年我国向韩国出口的电气机器为544亿美元，是2010年197亿美元的2.8倍。该项多年保持为我国向韩国出口的第一大项。

第二、三、四大项基本是矿物与金属、化学产品、非电气机器，但是不同项的增加速度不一样，从而不同年份的位次有所变化。矿物与金属从2010年的152亿美元增加到2022年的210亿美元，增长了38%，由第二大项跌为第三大项。化学产品从2010年的59亿美元增加到2022年的280亿美元，增长了375%，由第四大项上升为第二大项。非电气机器从2010年的94亿美元增加到2022年的193亿美元，增长了105%，由第三大项跌为第四大项。

2. 我国从韩国进口、净出口

表3-9中6列数据的前3列为我国从韩国进口货物情况，后3列为我国对韩国的净出口。

表3-9 我国从韩国进口货物与净出口

单位：百万美元

项目	进口			净出口		
	2010年	2017年	2022年	2010年	2017年	2022年
01-动物产品	0	3	0	34	44	74
02-乳品	0	16	11	0	-16	-11
03-水果、蔬菜、植物	44	118	87	830	981	1385
04-咖啡与茶	3	13	20	7	43	35
05-谷物	54	295	175	359	179	633
06-油籽、脂、油	6	12	22	199	199	357
07-糖与甜食	107	114	105	-30	-1	43
08-酒与烟草	34	179	73	59	-60	75
09-棉花	1	1		0	0	
10-其他农产品	17	52	19	395	356	667
11-鱼与鱼产品	156	124	83	884	1063	1176
12-矿物与金属	12379	14597	8797	2811	1749	12197
13-石油	5676	4566	1751	-5034	-4440	-1671
14-化学产品	22581	30666	17672	-16680	-19886	10289
15-木与纸等	689	672	498	940	2002	2914
16-纺织品	2787	1979	883	350	1739	3932

第三章　我国对外货物贸易发展

续表

项目	进口			净出口		
	2010年	2017年	2022年	2010年	2017年	2022年
17-衣物	134	175	258	2609	3093	3803
18-皮革与鞋等	1665	1310	601	-267	506	1741
19-非电气机器	15129	16925	10817	-5721	-3319	8445
20-电气机器	48262	87050	83634	-28513	-59187	-29257
21-运输设备	4103	3142	1009	-1519	-1141	2978
22-制造品	24112	15293	4426	-19875	-8699	3830
合计	137940	177300	130941	-68163	-84794	23636

数据来源：根据WTO网站https：//stats.wto.org/数据整理、计算得到。

表3-9中为空格的项，表示该项没有数据。

（1）从2010年到2022年我国从韩国进口总额的变化情况基本如同表3-9的3个年份所表现的那样：在2010年为1379亿美元，然后升高，在近几年开始下降，在2022年下降为1309亿美元。如果查阅未删减年份的全表，可以看到在2018年取得峰值2045亿美元。

在不同年份进口金额最大的4个项目基本上都是电气机器、化学产品、非电气机器、矿物与金属。其中电气机器的进口金额在全部进口金额中占据了很大的比重，在表3-9的3个年份中占比分别为35%、49%、64%。但是，2022年电气机器的占比比2017年大幅度提升，并不是由于2022年电气机器的进口金额比2017年大幅度提高（实际上略有下降），而是由于2022年各项目的进口总额比2017年明显下降了。

（2）从净出口看，2010年为逆差682亿美元，2017年为逆差848亿美元，2022年为顺差236亿美元。之所以2022年由逆差转为顺差，是因为2022年的出口比2017年增加了，进口减少了。

2010年的顺差项主要是矿物与金属（28亿美元）、衣物（26亿美元），其他各项的顺差都小于10亿美元。

2010年的逆差项从大到小依次是电气机器（285亿美元）、制造品（199亿美元）、化学产品（167亿美元）、非电气机器（57亿美元）、石油（50亿

109

美元）、运输设备（15亿美元），还有两个逆差项，金额均小于3亿美元。

从2010年到2022年期间，矿物与金属的顺差增长了3.3倍，一直保持为最大顺差项。纺织品的顺差增长了10.2倍，由第八顺差项晋升为第四顺差项。

到了2022年，我国与韩国的货物贸易中只有电气机器（293亿美元）、石油（17亿美元）、乳品为逆差，棉花缺项，别的项目都是顺差。其中2010年的几个逆差大项转为2022年的顺差项，尤为引人注目：化学产品由逆差167亿美元，转为顺差103亿美元；制造品由逆差199亿美元，转为顺差38亿美元；非电气机器由逆差57亿美元，转为顺差84亿美元。

（三）我国同新加坡的货物贸易

回顾本章第一节的数据表可以看到，新加坡长期是我国的十大贸易国家（地区）之一。

1. 我国向新加坡出口

在WTO数据库中，含我国向新加坡出口最新数据的年份是2021年，含进口最新数据的年份是2022年，为了考察净出口，将出口、进口数据表的最后年份统一为2021年。我国向新加坡出口货物情况如表3-10所示。

表3-10 我国向新加坡出口货物

单位：百万美元

项目	2010年	2011年	2016年	2017年	2020年	2021年
01-动物产品	25	33	35	36	40	32
02-乳品	1	1	1	2	3	3
03-水果、蔬菜、植物	310	335	355	324	402	432
04-咖啡与茶	10	18	20	37	20	15
05-谷物	89	110	111	105	180	195
06-油籽、脂、油	42	52	26	26	125	310
07-糖与甜食	23	25	29	28	36	41
08-酒与烟草	104	172	318	310	277	256

续表

项目	2010年	2011年	2016年	2017年	2020年	2021年
09-棉花	0	0	0	0	0	0
10-其他农产品	62	75	49	48	59	60
11-鱼与鱼产品	61	88	145	149	124	156
12-矿物与金属	2645	3768	3539	2943	2695	3845
13-石油	3863	3049	3709	4896	4927	4974
14-化学产品	1478	1862	1983	2435	2775	3813
15-木与纸等	542	635	632	622	617	806
16-纺织品	439	562	469	482	1124	456
17-衣物	579	697	679	674	639	490
18-皮革与鞋等	518	631	514	544	360	476
19-非电气机器	8446	9660	8830	9790	10449	11804
20-电气机器	11555	13131	15249	18078	19381	22775
21-运输设备	647	824	587	763	485	532
22-制造品	1879	1972	2442	2861	2333	2707
合计	33319	37699	39723	45154	47051	54178

数据来源：WTO网站 https://stats.wto.org/。

2010年我国向新加坡出口货物金额为333亿美元，之后逐渐增长，2021年时达到542亿美元，在十多年里增长了63%。

在我国向新加坡出口的货物里，电气机器长期占据第一大项的位置。2010年该项在全部项目里占35%，其后这个占比基本上是在逐渐增长的，2017年、2021年的占比分别为40%、42%。

第二大出口项目是非电气机器，2010年的占比是25%，其后占比有小幅度的起伏，总的趋势是降低的。2021年该项占比为22%。

其次的几个主要出口项目基本稳定为石油、矿物与金属、制造品、化学产品。

上述六项占全部出口金额的90%左右。

2. 我国从新加坡进口与净出口

表3-11中6列数据的前3列为我国从新加坡进口货物情况，后3列为

我国对新加坡的净出口。

表 3-11 我国从新加坡进口货物与净出口

单位：百万美元

项目	进口 2010年	进口 2017年	进口 2021年	净出口 2010年	净出口 2017年	净出口 2021年
01-动物产品	0	0	0	25	36	32
02-乳品	8	4	14	−8	−2	−11
03-水果、蔬菜、植物	2	3	1	309	321	431
04-咖啡与茶	37	54	3	−27	−17	12
05-谷物	389	161	4	−299	−56	191
06-油籽、脂、油	12	10	1	30	15	309
07-糖与甜食	1	2	0	21	26	41
08-酒与烟草	41	64	13	63	245	243
09-棉花						
10-其他农产品	12	21	8	49	27	52
11-鱼与鱼产品	4	3	10	57	146	146
12-矿物与金属	1171	6600	1878	1475	−3657	1967
13-石油	3930	3611	461	−67	1285	4513
14-化学产品	5344	7490	2196	−3866	−5055	1616
15-木与纸等	71	331	202	471	291	605
16-纺织品	39	60	15	400	422	441
17-衣物	1	1	0	578	673	489
18-皮革与鞋等	70	382	61	448	162	415
19-非电气机器	4162	4081	5748	4284	5709	6056
20-电气机器	7073	8663	6865	4482	9415	15910
21-运输设备	77	126	91	570	637	441
22-制造品	2188	2568	3388	−309	293	−680
合计	24632	34238	20959	8687	10915	33219

数据来源：根据WTO网站 https://stats.wto.org/ 数据整理、计算得到。

（1）2010年我国从新加坡进口货物金额为246亿美元，2017年增加到342亿美元，然后下降到2021年的210亿美元。

从各进口项目的占比看，电气机器一直是第一大项，然后是非电气机器、石油、化学产品、制造品、矿物与金属。上述六项基本上占全部进口金额的95%以上。但是不同年份第二大项至第六大项的排列顺序有所变化。例如2010年化学产品为第二大项，2021年跌为第四大项。

（2）我国2010年对新加坡的净出口为87亿美元，2017年为109亿美元，2021年为332亿美元。2021年的净出口金额差不多是2010年的4倍。之所以增长这么多，主要是因为2021年与2010年相比，出口在增加，而进口略有下降。

这些年电气机器一直是第一大顺差项，非电气机器一直是第二大顺差项，但两者的净出口额的差距越来越大。2010年电气机器、非电气机器的净出口额分别是45亿美元、43亿美元，两者非常接近。2017年的净出口额分别是94亿美元、57亿美元，两者的差距已经很大了。2021年的净出口额分别是159亿美元、61亿美元，差别巨大。

不同年份的第三大顺差项有所不同，2010年是矿物与金属，2017年、2021年是石油。

不同年份的最大、第二大逆差项也有所不同。2010年化学产品是最大逆差项，制造品是第二大逆差项。2017年化学产品依然是最大逆差项，而制造品转为顺差，第二大逆差项是2010年的第三大顺差项矿物与金属。2021年化学产品转为顺差，并且是第五大顺差项，而制造品成为第一大逆差项。

（四）我国同印度的货物贸易

1. 我国向印度出口

印度虽然不是发达国家，但人口众多，与我国接壤，近些年成为我国十大货物出口国家（地区）之一。下面从2010年至2022年选择6个年份，考察我国向印度出口货物的情况，具体如表3-12所示。

表 3-12 我国向印度出口货物

单位：百万美元

项目	2010年	2011年	2016年	2017年	2021年	2022年
01-动物产品	0	1		0	0	0
02-乳品	0	9				
03-水果、蔬菜、植物	158	251	283	190	147	151
04-咖啡与茶	3	18	6	5	7	5
05-谷物	17	20	31	31	49	53
06-油籽、脂、油	12	168	9	19	10	38
07-糖与甜食	15	8	5	9	7	8
08-酒与烟草	11	19	9	15	19	12
09-棉花	1	8	0	0	1	5
10-其他农产品	297	408	295	350	327	406
11-鱼与鱼产品	1	2	3	6	25	23
12-矿物与金属	7662	11424	7614	8963	11489	13207
13-石油	61	566	55	51	93	202
14-化学产品	6186	7492	9591	12258	20946	23201
15-木与纸等	662	954	971	1293	1055	1406
16-纺织品	1760	2080	2308	2976	3618	4189
17-衣物	66	124	240	295	298	340
18-皮革与鞋等	543	761	786	887	609	781
19-非电气机器	8019	10765	11370	13865	20156	21559
20-电气机器	11012	12658	21324	27910	29706	26991
21-运输设备	2017	2528	2630	2773	1916	2051
22-制造品	1754	2290	2980	3872	3892	3648
合计	40258	52555	60511	75767	94369	98274

数据来源：WTO 网站 https://stats.wto.org/。

从 2010 年到 2022 年，我国向印度出口货物的总额从 403 亿美元增加到 983 亿美元，增长了 144%。

从 2010 年到 2022 年，我国向印度出口货物的第一大项一直是电气机器。2010 年该项目出口金额占全部出口项目金额的比重为 27.4%，其后在 2017 年达到峰值 36.8%，后来下降为 2022 年的 27.5%。

其余较大的出口项是非电气机器、矿物与金属、化学产品，但这几项的位次在不同的年份有所不同。

2. 我国从印度进口与净出口

从 2010 年至 2022 年选择 3 个年份，考察我国从印度进口货物与净出口的情况，具体如表 3-13 所示。其中 6 列数据的前 3 列为我国从印度进口货物情况，后 3 列为我国对印度的净出口。

表 3-13 我国从印度进口货物与净出口

单位：百万美元

项目	进口 2010 年	进口 2017 年	进口 2022 年	净出口 2010 年	净出口 2017 年	净出口 2022 年
01- 动物产品						
02- 乳品	1			−1		
03- 水果、蔬菜、植物	96	122	199	62	68	−47
04- 咖啡与茶	10	28	3	−7	−23	2
05- 谷物	2	1	716	16	30	−663
06- 油籽、脂、油	491	457	684	−479	−439	−646
07- 糖与甜食	0	3	49	15	6	−41
08- 酒与烟草	3	2	1	8	14	11
09- 棉花	1736	210	67	−1736	−209	−62
10- 其他农产品	40	57	129	257	293	277
11- 鱼与鱼产品	160	128	673	−159	−121	−650
12- 矿物与金属	14526	8681	4898	−6864	282	8309
13- 石油	298	272	310	−238	−222	−108
14- 化学产品	1464	2747	2316	4722	9511	20884
15- 木与纸等	11	88	80	651	1205	1325
16- 纺织品	582	1368	172	1178	1609	4016

115

续表

项目	进口			净出口		
	2010年	2017年	2022年	2010年	2017年	2022年
17-衣物	41	141	50	25	154	289
18-皮革与鞋等	302	432	169	241	455	611
19-非电气机器	325	634	883	7694	13231	20676
20-电气机器	460	576	584	10551	27333	26407
21-运输设备	23	75	149	1994	2697	1902
22-制造品	261	310	309	1493	3562	3339
合计	20834	16333	12442	19423	59434	85832

数据来源：根据WTO网站 https: //stats.wto.org/ 数据整理、计算得到。

（1）在2010年以来的十几年间，我国与其他国家的货物进出口总额往往是增加的，但我国从印度的货物进口却基本没有增加，甚至在降低。2010年我国从印度进口货物的总额为208亿美元，2017年为163亿美元，2022年降低为124亿美元。

从进口各项目的占比看，2010年最大的进口项目是矿物与金属，2010年该项占全部进口金额的比重竟然高达70%，2017年为53%，2022年为39%。2010年的第二大进口项为棉花，占全部进口金额的比重为8%，略高于化学产品（7%）。查阅未删减年份的全表可知，从2010年至2013年，棉花都是我国从印度进口的第二大项，但从2014年起化学产品的进口额开始超越棉花，从2015年起棉花的进口就很少了，而化学产品的进口基本是逐渐增加的。

（2）2010年我国对印度最大的顺差项是电气机器，顺差额为106亿美元，其次是非电气机器（77亿美元）、化学产品（47亿美元）、运输设备（20亿美元）。其后的十来年里，电气机器的顺差金额增长了1.5倍，2022年达到264亿美元，依然是最大的顺差项。同期，非电气机器增长了169%，达到207亿美元。化学产品增长了342%，达到209亿美元，略高于非电气机器，成为第二大顺差项。别的项目的顺差都较小。

2010年最大的逆差项是矿物与金属（69亿美元），第二大逆差项是棉花

(17亿美元)，别的逆差项的金额都较小，一般低于5亿美元。其后的十几年里，各逆差项普遍较小，一般都小于7亿美元。

（五）我国同泰国的货物贸易

泰国虽然不是我国的十大贸易国家（地区）之一，但是泰国2022年人均GDP为6909美元，大约是印度2389美元的3倍，同时泰国也是人口众多的大国，距离我国很近，与我国交往密切。

1. 我国向泰国出口

从WTO数据库里能下载到的我国向泰国出口最新数据的年份是2020年。我国向泰国出口货物情况如表3-14所示。

表3-14 我国向泰国出口货物

单位：百万美元

项目	2010年	2011年	2016年	2017年	2019年	2020年
01-动物产品	1	2	12	12	10	11
02-乳品	0	0	1	1	1	1
03-水果、蔬菜、植物	435	551	912	902	1113	1096
04-咖啡与茶	10	19	33	25	26	33
05-谷物	87	138	153	173	209	218
06-油籽、脂、油	53	49	93	74	74	80
07-糖与甜食	36	37	54	57	95	89
08-酒与烟草	16	18	31	32	46	46
09-棉花	0	1	0	0	0	0
10-其他农产品	91	109	164	173	220	246
11-鱼与鱼产品	91	208	463	402	446	454
12-矿物与金属	4078	5417	8356	8496	8998	8337
13-石油	145	69	87	72	912	152
14-化学产品	2708	3555	4824	5800	6120	6074
15-木与纸等	435	625	867	938	1168	1186
16-纺织品	1360	1532	1747	1757	2089	1834

续表

项目	2010年	2011年	2016年	2017年	2019年	2020年
17-衣物	222	303	532	531	693	590
18-皮革与鞋等	359	459	549	568	854	827
19-非电气机器	5477	6669	7366	7421	9036	9398
20-电气机器	6687	8557	12486	12764	13460	14763
21-运输设备	557	674	1402	1528	1721	1474
22-制造品	1385	1590	2124	2514	2981	2893
合计	24232	30581	42256	44239	50271	49802

数据来源：WTO网站 https://stats.wto.org/。

2010年我国向泰国出口货物金额为242亿美元，后来逐渐增加，2017年达到442亿美元，2020年达到498亿美元，2020年比2010年增加了一倍多。

在各项目中，电气机器的出口金额最大，2010年该项目的出口金额占全部出口金额的比重为27.6%。在其后的年份里，电气机器的出口金额占全部出口金额的比重基本维持在28%左右，2020年这个比重为29.6%。

在多数年份里，第二大出口项目为非电气机器，2010年该项目的占比为22.6%，后来这个占比有所下降，2020年为18.9%。

其他几个主要出口项目是矿物与金属、化学产品、纺织品、制造品。其中矿物与金属基本是第二或第三大出口项目。电气机器、非电气机器、矿物与金属这三项的出口金额占全部出口金额的比重一般在65%左右。

2. 我国从泰国进口与净出口

从WTO数据库里能下载到的我国从泰国进口最新数据的年份是2022年，但由于最新出口数据的年份是2020年，因此表3-15选择了2020年。其中6列数据的前3列是我国从泰国进口货物情况，后3列是我国对泰国的净出口。

（1）2010年我国从泰国进口货物的金额为332亿美元，2017年有所上升，达到416亿美元，2020年时下降到343亿美元，与2010年差不多。

最大的进口项基本是电气机器、非电气机器，这两项的进口额占全部项目进口金额的比重一般在38%以上，在2020年时该占比达到67.6%。

表 3-15　我国从泰国进口货物与净出口

单位：百万美元

项目	进口 2010年	进口 2017年	进口 2020年	净出口 2010年	净出口 2017年	净出口 2020年
01-动物产品	2	0	9	0	12	2
02-乳品	0	0	0	0	0	1
03-水果、蔬菜、植物	1500	2532	48	−1065	−1629	1048
04-咖啡与茶	1	17	1	9	9	33
05-谷物	551	1316	406	−463	−1143	−188
06-油籽、脂、油	47	69	8	6	5	72
07-糖与甜食	12	172	73	24	−115	16
08-酒与烟草	4	86	26	12	−54	20
09-棉花	0	3	0	0	−2	0
10-其他农产品	138	218	57	−47	−45	190
11-鱼与鱼产品	211	268	24	−120	134	430
12-矿物与金属	1485	2512	1156	2593	5984	7181
13-石油	722	451	395	−577	−379	−242
14-化学产品	4527	5326	1571	−1819	474	4503
15-木与纸等	795	2065	1525	−360	−1127	−340
16-纺织品	463	536	187	897	1221	1647
17-衣物	53	163	110	169	367	480
18-皮革与鞋等	4596	6021	2405	−4237	−5453	−1578
19-非电气机器	9782	6819	13145	−4305	602	−3748
20-电气机器	7512	9207	10062	−825	3557	4700
21-运输设备	98	1191	347	459	337	1127
22-制造品	696	2604	2776	690	−91	117
合计	33193	41576	34331	−8961	2664	15471

数据来源：根据 WTO 网站 https://stats.wto.org/ 数据整理、计算得到。

化学产品、皮革与鞋等也是我国的进口大项，在有的年份的进口额与非电气机器的进口额相差无几。但是化学产品、皮革与鞋等在 2020 年的进口额下降很多。

（2）我国2010年的净出口为逆差90亿美元，2017年转为顺差27亿美元，2020年顺差进一步增加为155亿美元。从2010年到2017年由逆差转为顺差，是因为这期间出口增长明显快于进口增长。从2017年到2020年顺差扩大，是因为出口有小幅度增长，而进口有大幅度下降。

2010年的最大顺差项是矿物与金属，该项目的顺差金额超过了其余顺差项的金额总和。

2010年的最大逆差项是非电气机器，其次是皮革与鞋等，这两项的逆差总额为85亿美元，其余各个逆差项的逆差总额为53亿美元。

2017年变化很大，最大顺差项还是矿物与金属（60亿美元），但是第二顺差项却是2010年的第五逆差项电气机器。2017年电气机器的顺差金额为36亿美元，大约是第三顺差项纺织品的顺差金额的3倍。

2017年的最大逆差项是皮革与鞋等（55亿美元），其次是水果、蔬菜、植物，谷物，木与纸等，这三项的逆差金额均为10多亿美元。值得注意的是：2010年的最大逆差项非电气机器、第三大逆差项化学产品，到了2017年都转为顺差项。

2020年矿物与金属、电气机器保持为前两大顺差项，化学产品跃升为第三大顺差项，并且其金额与第二大顺差项电气机器相差无几。

2020年非电气机器由2017年的顺差项转为最大逆差项，皮革与鞋等为第二逆差项，其他各逆差项的金额较小。

（六）我国同我国香港地区的货物贸易

回顾本章第一节的数据表可以看到，我国香港地区是我国的主要出口地区之一，并且在多年里一直是我国最大的顺差来源地区。

1. 我国向我国香港地区出口

从WTO数据库里能下载到的我国向我国香港地区出口最新数据的年份是2021年。下面从2010年至2021年选择6年的数据进行考察，如表3-16所示。

第三章 我国对外货物贸易发展

表 3-16 我国向我国香港地区出口货物

单位：百万美元

项目	2010 年	2011 年	2016 年	2017 年	2020 年	2021 年
01- 动物产品	1093	1236	1413	1467	1220	1417
02- 乳品	26	40	45	44	54	51
03- 水果、蔬菜、植物	436	529	877	894	1229	1331
04- 咖啡与茶	51	66	245	369	278	309
05- 谷物	604	682	824	818	848	969
06- 油籽、脂、油	60	55	67	83	81	89
07- 糖与甜食	87	81	64	66	44	56
08- 酒与烟草	813	876	1254	1201	965	1009
09- 棉花	1	0	0	1	0	0
10- 其他农产品	50	65	67	65	56	59
11- 鱼与鱼产品	469	703	1111	1149	1054	1288
12- 矿物与金属	10426	15628	14547	13662	14183	21867
13- 石油	2484	2998	2281	3124	1843	2399
14- 化学产品	5436	5989	5285	5405	5216	5648
15- 木与纸等	3166	3348	3303	3245	2592	3017
16- 纺织品	9401	9476	6676	6474	4248	4419
17- 衣物	13658	13350	9149	8352	4160	4726
18- 皮革与鞋等	6862	7120	3728	3395	1707	1873
19- 非电气机器	29767	34410	33611	35572	33816	41940
20- 电气机器	84175	95042	138508	148152	145527	180070
21- 运输设备	508	684	754	978	744	1156
22- 制造品	25871	27426	20392	21476	18823	21664
合计	195446	219804	244200	255989	238692	295355

数据来源：WTO 网站 https://stats.wto.org/。

2010 年我国向我国香港地区出口货物金额为 1954 亿美元，其后逐渐上升，2021 年达到 2954 亿美元，增长了 51%。

2010 年最大的出口项是电气机器，金额为 842 亿美元，占全部出口金额的43.1%。在其后的十多年里，电气机器一直是我国向我国香港地区出口货物金额最大的项目，占全部出口金额的比重也逐渐上升，2021年达到61%。

2010年的第二大出口项为非电气机器，出口额为298亿美元。在其后的十多年里，该项的出口额有所起伏，但总的趋势是增加的，2021年达到419亿美元。2010年该项的出口额占全部项目出口金额的比重为15.2%，以后的十多年里该占比基本上在13.5%至16.5%这个区间浮动，并且一直保持为第二大出口项。

2010年的第三大出口项为制造品（259亿美元），与第二大出口项非电气机器的出口额比较接近。但在其后的年份里，制造品出口额与非电气机器出口额的差距越来越大，到了2021年，制造品的出口额为217亿美元，远低于非电气机器的出口额419亿美元。

2010年第四、第五大出口项为衣物、矿物与金属，出口额在100亿美元至140亿美元之间。其余各项的出口额均小于100亿美元。

到了2021年，衣物的出口额降低为47亿美元，比2010年减少了89亿美元。此外，纺织品由2010年的94亿美元下降为2021年的44亿美元，减少了50亿美元。皮革与鞋等从2010年的69亿美元下降为2021年的19亿美元，减少了50亿美元。

2. 我国从我国香港地区进口、净出口

从WTO数据库里能下载到的我国从我国香港地区进口最新数据的年份是2022年，但由于最新出口数据的年份是2021年，因此表3-17选择了2021年。其中6列数据的前3列为我国从我国香港地区进口货物情况，后3列数据为净出口。

表3-17 我国从我国香港地区进口货物与净出口

单位：百万美元

项目	进口			净出口		
	2010年	2017年	2021年	2010年	2017年	2021年
01-动物产品	0	0	0	1093	1467	1417
02-乳品	0	0	0	26	44	

续表

项目	进口 2010年	进口 2017年	进口 2021年	净出口 2010年	净出口 2017年	净出口 2021年
03-水果、蔬菜、植物	1	3	0	435	892	1331
04-咖啡与茶	2	2	0	49	367	309
05-谷物	66	206	15	539	612	954
06-油籽、脂、油	5	4	2	55	79	87
07-糖与甜食	9	7	1	79	59	55
08-酒与烟草	22	100	35	791	1101	974
09-棉花	4	1	0	−4	0	
10-其他农产品	2	1	0	48	63	59
11-鱼与鱼产品	0	3	53	469	1146	1235
12-矿物与金属	1157	2979	3376	9269	10682	18491
13-石油	161	76	11	2323	3048	2388
14-化学产品	2329	1512	580	3107	3893	5068
15-木与纸等	382	335	236	2784	2910	2781
16-纺织品	685	116	51	8716	6358	4368
17-衣物	159	15	22	13499	8337	4704
18-皮革与鞋等	71	50	29	6791	3345	1844
19-非电气机器	591	162	132	29175	35410	41807
20-电气机器	2991	853	605	81184	147299	179465
21-运输设备	6	11	4	502	968	1151
22-制造品	851	495	269	25021	20980	21395
合计	9495	6931	5422	185951	249058	289882

数据来源：根据 WTO 网站 https://stats.wto.org/ 数据整理、计算得到。

（1）2010 年我国从我国香港地区进口货物金额为 95 亿美元，如果查阅未删减年份的全表，可以看到其后的进口额有升有降，于 2016 年达到峰值 165 亿美元。2017 年猛降为 69 亿美元，其后先升后降，2021 年降低为 54 亿美元，2022 年进一步降低为 39 亿美元。

2010年最大的进口项目为电气机器（30亿美元），占全部进口额的31.5%，其次为化学产品、矿物与金属。短短几年后，矿物与金属就成为最大的进口项，该项占全部进口额的比重一般在30%以上，如果查阅未删减年份的全表可以看到，2016年矿物与金属的占比达到峰值73%。该占比在2017年、2021年分别是43%、62%。

从2010年以后，电气机器、化学产品进口额的总体趋势是不断下降的，但这两项一直位列前三大进口项，不过这两项的位次多次变换。

2010年上述三项的进口金额占全部进口额的比重为68%，其后该比重在71%至89%这个区间浮动。2017年该比重为77%，2021年为84%。

（2）2010年我国同我国香港地区货物贸易的净出口为顺差1860亿美元，2017年增加为2491亿美元，2021年增加为2899亿美元。

2010年我国对我国香港地区的最大顺差项为电气机器，顺差金额为812亿美元，占该年净出口额的44%，2017年该占比增加为59%，2021年增加为62%。

2010年的第二大顺差项为非电气机器，顺差金额为292亿美元，其后的十多年里该项一直是第二大顺差项。

2010年的第三大顺差项是制造品，顺差金额为250亿美元，其后的十多年里该项基本是第三大顺差项。

2010年上述三项的顺差金额占全部项目的净出口额的比重是73%，2017年该占比是82%，2021年该占比是84%。

衣物、矿物与金属也是重要的顺差项。其他项目创造的顺差金额较小。

在我国与我国香港地区的所有进出口项目中，除了棉花有小额的逆差以外，几乎没有逆差项。

（七）我国大陆同我国台湾地区的货物贸易

我国台湾地区是我国大陆的主要贸易地区之一。

1. 我国大陆向我国台湾地区出口

下面从2010年至2022年选择6年，考察我国大陆向我国台湾地区出口货物的情况，具体如表3-18所示。

第三章 我国对外货物贸易发展

表 3-18 我国大陆向我国台湾地区出口货物

单位：百万美元

项目	2010 年	2011 年	2016 年	2017 年	2021 年	2022 年
01- 动物产品	0	1	0	0	0	0
02- 乳品						
03- 水果、蔬菜、植物	124	139	233	226	264	302
04- 咖啡与茶	15	18	16	11	11	11
05- 谷物	90	91	57	68	80	88
06- 油籽、脂、油	21	19	32	36	52	54
07- 糖与甜食	5	7	10	14	19	17
08- 酒与烟草	46	57	75	73	133	136
09- 棉花	0		0	0		
10- 其他农产品	146	174	166	193	237	240
11- 鱼与鱼产品	98	114	200	232	204	232
12- 矿物与金属	5385	7792	5698	6138	7125	7033
13- 石油	118	154	57	40	62	47
14- 化学产品	5797	5530	5299	5400	7611	7991
15- 木与纸等	649	794	889	1018	1620	1674
16- 纺织品	876	855	895	986	1268	1223
17- 衣物	543	672	978	911	964	1018
18- 皮革与鞋等	416	465	569	552	623	689
19- 非电气机器	5903	5706	6446	7796	13471	14242
20- 电气机器	14322	15641	18268	21596	40606	41525
21- 运输设备	1125	794	997	943	1620	1697
22- 制造品	3870	4130	2891	2838	5008	4144
合计	39550	43153	43776	49073	80978	82362

数据来源：WTO 网站 https://stats.wto.org/。

2010 年我国大陆向我国台湾地区出口货物总额为 396 亿美元，其后的出口总额基本是在增加的，2017 年为 491 亿美元，2022 年为 824 亿美元，2022 年比 2010 年增长了一倍多。

2010年的第一大出口项目是电气机器（143亿美元），占全部项目出口额的36%。在其后的年份里，这个占比基本是不断升高的，2017年为44%，2022年为50%。从2010年以来，电气机器一直是我国大陆向我国台湾地区出口货物的第一大项目。

2010年的第二大出口项目是非电气机器（59亿美元），占全部项目出口额的15%。在以后的十多年里，该占比基本在15%左右浮动，该项目基本上一直是第二大出口项目。

2010年第三至第五大出口项目依次是化学产品、矿物与金属、制造品。在以后的十多年里，这三项基本上一直是第三至第五大出口项。

2010年上述五项的出口额占全部出口额的比重为89%。在其后的十多年里，该占比一直在89%左右浮动。

2. 我国大陆从我国台湾地区进口、净出口

下面从2010年至2022年选择3个年份，考察我国大陆从我国台湾地区进口货物、净出口情况，具体如表3-19所示。其中6列数据的前3列是我国大陆从我国台湾地区进口货物情况，后3列数据是净出口。

表3-19 我国大陆从我国台湾地区进口货物与净出口

单位：百万美元

项目	进口			净出口		
	2010年	2017年	2022年	2010年	2017年	2022年
01-动物产品	3	1	0	-3	-1	0
02-乳品	0	2	2			
03-水果、蔬菜、植物	40	112	8	84	114	293
04-咖啡与茶	10	49	3	5	-37	9
05-谷物	63	264	125	27	-196	-37
06-油籽、脂、油	20	8	11	2	29	42
07-糖与甜食	6	20	13	0	-6	4
08-酒与烟草	44	117	75	2	-45	61
09-棉花	5	1	0	-5	-1	
10-其他农产品	38	64	89	108	129	151

续表

项目	进口			净出口		
	2010年	2017年	2022年	2010年	2017年	2022年
11-鱼与鱼产品	20	147	58	78	85	174
12-矿物与金属	8140	7392	4670	-2754	-1253	2362
13-石油	616	425	52	-498	-385	-4
14-化学产品	20799	17693	8868	-15002	-12293	-877
15-木与纸等	615	649	880	34	369	794
16-纺织品	3443	2690	1007	-2567	-1704	216
17-衣物	30	39	15	513	872	1004
18-皮革与鞋等	907	530	404	-490	23	285
19-非电气机器	8864	11916	12832	-2962	-4120	1410
20-电气机器	49841	96767	129760	-35519	-75171	-88235
21-运输设备	299	544	338	826	398	1359
22-制造品	21928	16366	5219	-18058	-13528	-1075
合计	115731	155797	164428	-76181	-106721	-82064

数据来源：根据WTO网站https://stats.wto.org/数据整理、计算得到。

（1）2010年我国大陆从我国台湾地区进口货物金额为1157亿美元，2017年增加到1558亿美元，2022年增加到1644亿美元，2022年比2010年增长了42%。

2010年的最大进口项是电气机器（498亿美元），占全部项目进口额的比重为43%。在其后的十多年里，这个占比基本是在不断增加的，2017年为62%，2022年为79%。该项一直是第一大进口项。

2010年的第二、第三大进口项是制造品、化学产品，其进口额占全部项目进口额的比重分别是19%、18%。但是在其后的年份里，这两项的进口额总体来说是下降的，占全部项目进口额的比重也是下降的。

2010年的第四至第六大进口项为非电气机器、矿物与金属、纺织品。

上述六项自2010年以来一直是我国大陆从我国台湾地区进口货物的前六名，2010年这六项的进口额占全部项目进口额的比重为98%，以后的十多年里一直在98%左右浮动。

（2）2010年我国大陆同我国台湾地区货物贸易的净出口为逆差762亿美元，2017年为逆差1067亿美元，2022年为逆差821亿美元。

2010年的最大逆差项为电气机器，逆差额为355亿美元，占全部项目净出口额的47%。自此后的十多年里，该项一直是最大逆差项，2017年逆差金额上升为752亿美元，2022年上升为882亿美元。

2010年的第二、第三大逆差项分别为制造品、化学产品。在其后的年份里，这两项一直是前三大逆差项。

2010年上述三项的逆差金额占全部项目净出口金额的比重为90%，2017年上升为95%，2022年进一步上升为110%。

2010年的最大顺差项为运输设备（8亿美元），第二大顺差项为衣物（5亿美元）。在其后的十多年里，这两项的顺差金额变动较大，但基本在10亿美元左右，基本保持为顺差项前两名。

三、我国同欧洲国家（地区）的货物贸易

在从WTO数据库调取欧洲国家（地区）与我国的进出口数据时，发现很多国家（地区）只有进口数据、没有出口数据，或者相反，只有出口数据、没有进口数据。上述情况比亚洲国家（地区）严重得多。下面分析我国向欧盟的出口、我国与英国的进口与出口、我国从德国的进口。

（一）我国同欧盟的货物贸易

从WTO数据库里没能下载到我国从欧盟进口货物的数据，只有出口数据。下面选取6年的数据进行考察，如表3-20所示。

表3-20 我国向欧盟出口货物

单位：百万美元

项目	2010年	2011年	2016年	2017年	2021年	2022年
01-动物产品	114	136	115	122	145	222
02-乳品	0	1	1	1	1	2
03-水果、蔬菜、植物	1930	2154	1926	1925	2008	2367

续表

项目	2010年	2011年	2016年	2017年	2021年	2022年
04-咖啡与茶	219	297	274	270	190	272
05-谷物	406	521	577	635	799	1015
06-油籽、脂、油	418	508	556	640	1211	2012
07-糖与甜食	69	72	69	78	73	123
08-酒与烟草	200	266	129	139	134	235
09-棉花	2	4	1	3	7	2
10-其他农产品	1593	1948	1760	2120	2409	2993
11-鱼与鱼产品	1993	2312	1835	1961	1544	1831
12-矿物与金属	29842	35611	31699	33738	41058	51920
13-石油	80	20	189	175	790	2849
14-化学产品	19179	22552	23819	27022	47629	56772
15-木与纸等	15846	16196	15921	16932	21512	23050
16-纺织品	17551	19919	19123	19944	23374	25067
17-衣物	37172	41111	30447	30240	25521	30188
18-皮革与鞋等	14311	16688	15078	15785	15324	18493
19-非电气机器	74418	81827	75918	88598	119808	122931
20-电气机器	97536	104895	102909	114971	160583	192887
21-运输设备	14729	11487	8493	9150	22572	27314
22-制造品	39277	41302	41791	46130	55407	56443
合计	366886	399826	372633	410577	542097	618988

数据来源：WTO网站 https://stats.wto.org/。

2010年我国向欧盟出口货物金额为3669亿美元，其后几年的出口金额基本是增加的，2017年为4106亿美元，2021年达到5421亿美元，2022年进一步增加到6190亿美元。

从2010年以来，电气机器一直是最大的出口项目。2010年该项的出口额为975亿美元，占全部出口额的比重为27%。2017年出口额增加为1150亿美元，占比略微增加为28%。2021年出口额开始大幅度增加，达到1606亿美元，2022年进一步增加为1929亿美元，占比为31%。

从 2010 年以来，第二大出口项目一直为非电气机器。2010 年的出口额为 744 亿美元，占全部项目出口额的比重为 20%。之后该项的出口额基本是增加的，2022 年达到 1229 亿美元。该项的占比一直在 20% 至 22% 之间浮动。

除了上述两项外，制造品、衣物、矿物与金属、化学产品这四项也是我国向欧盟出口货物的主要项目。从 2010 年以来，上述六项的合计出口额占全部出口额的比重在 80% 至 83% 之间。

除上述六项外，木与纸等、纺织品、皮革与鞋等、运输设备也是我国向欧盟出口货物的重要项目。除了运输设备在少数几年出口额低于 100 亿美元外，这几项每年的出口额都在 100 亿美元以上，有些项目在有些年份超过 200 亿美元。例如，2022 年木与纸等、纺织品、运输设备的出口额都在 200 亿美元以上。

（二）我国同英国的货物贸易

回顾本章第一节的数据表可以看到，英国是我国十大贸易国家（地区）之一。

1. 我国向英国出口

WTO 数据库里没有 2010 年至 2019 年我国向英国出口货物的数据，只有 2020 年至 2022 年的数据，如表 3-21 所示。

表 3-21　我国向英国出口货物

单位：百万美元

项目	2020 年	2021 年	2022 年
01- 动物产品	35	39	90
02- 乳品		0	
03- 水果、蔬菜、植物	223	251	308
04- 咖啡与茶	26	23	43
05- 谷物	206	229	292
06- 油籽、脂、油	122	122	218
07- 糖与甜食	23	39	51

续表

项目	2020 年	2021 年	2022 年
08- 酒与烟草	11	14	28
09- 棉花	1	2	3
10- 其他农产品	231	350	362
11- 鱼与鱼产品	331	271	364
12- 矿物与金属	4715	7302	8501
13- 石油	79	28	1255
14- 化学产品	5944	10791	10017
15- 木与纸等	4956	7017	7054
16- 纺织品	6873	3472	3974
17- 衣物	5529	4480	6128
18- 皮革与鞋等	2628	2933	3820
19- 非电气机器	12672	17596	20790
20- 电气机器	13658	19511	27706
21- 运输设备	1462	3928	6737
22- 制造品	8531	11027	12116
合计	68257	89427	109854

数据来源：WTO 网站 https://stats.wto.org/。

2020 年我国向英国出口货物金额为 683 亿美元，2021 年增加为 894 亿美元，2022 年进一步增加为 1099 亿美元。短短两年间，2022 年比 2020 年的出口增加了 416 亿美元，增长了 61%。

这三年的最大出口项是电气机器，其次是非电气机器。2020 年这两项的出口金额合计为 263 亿美元，占全部出口金额的 39%。2022 年这个占比增加到 44%。

这三年出口额超过 100 亿美元的项目还有制造品、化学产品。

2. 我国从英国进口、净出口

由于无法从 WTO 数据库里下载到 2010 年至 2019 年我国向英国出口货物的数据，只有 2020 年至 2022 年的数据，因此为计算净出口数据，下面列出 2020 年至 2022 年我国从英国进口货物的数据。此外，列出 2010 年我国从英国进口货物的数据。具体如表 3-22 所示。

表 3-22　我国从英国进口货物与净出口

单位：百万美元

项目	进口 2010年	进口 2020年	进口 2021年	进口 2022年	净出口 2020年	净出口 2021年	净出口 2022年
01-动物产品	0	410	329	247	-375	-290	-157
02-乳品	5	56	92	70		-92	
03-水果、蔬菜、植物	2	14	6	5	209	245	303
04-咖啡与茶	4	34	4	3	-9	19	40
05-谷物	30	187	43	24	19	187	267
06-油籽、脂、油	2	9	72	6	114	50	212
07-糖与甜食	4	2	1	1	21	38	50
08-酒与烟草	108	384	67	70	-372	-52	-42
09-棉花							
10-其他农产品	141	77	71	85	154	280	277
11-鱼与鱼产品	19	49	78	47	282	193	316
12-矿物与金属	1739	1888	1789	2113	2827	5513	6388
13-石油	69	2844	2792	1543	-2765	-2764	-289
14-化学产品	1574	6162	1952	1849	-219	8839	8169
15-木与纸等	782	450	201	167	4506	6816	6887
16-纺织品	178	306	223	216	6566	3249	3758
17-衣物	17	92	117	93	5437	4364	6035
18-皮革与鞋等	179	195	198	160	2433	2735	3659
19-非电气机器	2020	4180	2197	2069	8492	15399	18721
20-电气机器	1110	1163	947	868	12494	18564	26837
21-运输设备	2413	4559	4650	4319	-3098	-722	2418
22-制造品	903	2304	1751	1738	6227	9276	10378
合计	11299	25366	17580	15694	42946	71845	94227

数据来源：根据 WTO 网站 https://stats.wto.org/ 数据整理、计算得到。

（1）2010年我国从英国进口货物总额为113亿美元，查阅未删减年份的全表可知，该进口总额于2019年达到峰值322亿美元，然后一路下降，2022年降为157亿美元。

从2010年到2022年的大部分时期，我国从英国进口货物金额最大的项目为运输设备。2010年为24亿美元，占全部项目进口额的比重为21%。其后的十几年，这个占比在17%与46%之间波动，2022年该占比为28%。

不同年份的前几大进口项不同，一般来说，非电气机器、矿物与金属、化学产品、电气机器、制造品、石油是比较大的进口项。从2010年到2022年，这六项加上运输设备，其进口合计金额占全部项目进口额的比重一般在87%至93%之间。

（2）2020年我国对英国的净出口为顺差429亿美元，2021年增加为718亿美元，2022年增加为942亿美元。经过短短的两年时间，2022年的顺差比2020年增长了一倍多。之所以顺差增长得这么快，一方面是因为这两年我国向英国的出口在迅速增加，另一方面是因为我国从英国的进口在大幅度减少。

这三年间最大的顺差项是电气机器，2020年顺差为125亿美元，2021年为186亿美元，2022年为268亿美元。

非电气机器、纺织品、制造品也是主要的顺差项。2020年上述三项加电气机器，其顺差合计占全部项目的净出口金额的比重为79%，2021年为65%，2022年为63%。

有几个项目变化较大。运输设备在2020年为最大逆差项，逆差额为31亿美元，2022年转为顺差项，顺差额为24亿美元。化学产品2020年为逆差项，逆差额为2亿美元，2021年、2022年成为第四大顺差项，顺差额分别为88亿美元、82亿美元。

（三）我国同德国的货物贸易

从WTO数据库里无法下载到我国向德国出口货物的数据，只有我国从德国进口货物的数据。下面选择6个年份的数据进行考察，如表3-23所示。

表 3-23　我国从德国进口货物

单位：百万美元

项目	2010年	2011年	2016年	2017年	2021年	2022年
01-动物产品	45	82	1072	616	4	0
02-乳品	47	91	241	302	546	400
03-水果、蔬菜、植物	9	13	22	25	19	22
04-咖啡与茶	15	20	30	35	21	21
05-谷物	53	70	490	653	219	237
06-油籽、脂、油	9	10	27	22	137	39
07-糖与甜食	5	9	22	25	48	44
08-酒与烟草	44	75	282	256	187	162
09-棉花		0		0		
10-其他农产品	133	196	168	243	263	281
11-鱼与鱼产品	14	18	18	18	15	23
12-矿物与金属	6444	7534	5884	7047	8018	7107
13-石油	83	116	171	203	212	180
14-化学产品	7908	9247	12814	15177	13350	11760
15-木与纸等	969	1215	1062	1257	2992	1987
16-纺织品	526	639	626	710	661	510
17-衣物	9	10	14	6	9	6
18-皮革与鞋等	651	822	866	1027	968	829
19-非电气机器	22048	28518	17811	21131	22791	20079
20-电气机器	9700	11140	10990	11867	12636	12385
21-运输设备	19951	25272	24550	26024	25388	23074
22-制造品	5576	7628	8904	10077	11183	10444
合计	74239	92725	86062	96725	99668	89589

数据来源：WTO 网站 https: //stats.wto.org/。

2010 年我国从德国进口货物金额为 742 亿美元，以后的进口额基本是增加的。查阅未删减年份的全表可知，2019 年进口额达到峰值 1273 亿美元。自 2019 年后，进口额不断下降，2022 年为 896 亿美元。

2010年、2011年我国从德国进口货物的第一大项是非电气机器,第二大项是运输设备。查阅未删减年份的全表可知,从2012年开始,第一进口大项为运输设备,第二大项为非电气机器。比较历年数据可知,这两项每年的进口额一直比较接近。2010年这两项的合计进口额为420亿美元。查阅未删减年份的全表可知,这两项的合计进口额的峰值为2019年的592亿美元。在2019年之后逐年下降,2022年为432亿美元。2010年这两项的合计进口额占全部项目进口额的比重为57%,其后这个占比基本是下降的,2022年为48%。

除上述两项外,电气机器、化学产品、矿物与金属、制造品这四项也是我国从德国进口货物的重要项目。自2010年以来,上述六项的合计进口额占全部项目进口额的比重在93%至97%之间浮动。

第四章　贸易壁垒与外贸转型升级

这里所说的贸易壁垒，是指在国际贸易中由相关政府实施的阻碍商品或劳务跨国自由交易的政策或措施。贸易壁垒在几百年前就已在许多国家发挥巨大作用，而近几十年以环保、生态等形式出现的绿色贸易壁垒开始在国际贸易中发挥重要作用。

第一节　贸易摩擦下的外贸转型升级

近些年，有一些国家与我国发生了贸易摩擦，此外在很多国家，政治、经济等因素开始越来越多地阻碍自由贸易，形成各种新的贸易壁垒。本节考察在贸易摩擦背景下我国的对外贸易转型升级。按照上一章第二节的做法，对我国的外贸主要考察北美、亚洲、欧洲的国家或地区。

一、我国同北美国家（地区）的贸易

这里以美国作为北美国家（地区）的代表。

1. 中美经贸关系

在 2000 年代初期，美国与我国的经贸关系是比较融洽的，但是后来中美之间逐渐出现贸易摩擦。其中，美国对中国长期逆差是一个重要原因。此外，还有多种原因。中美经贸关系逐渐由互补型转为竞争型。

从目前来看，中美贸易不仅是经济问题，还掺杂了政治因素。中美两国的政治关系对中国对美进出口有重要影响。

2. 近期我国对美贸易的转型升级展望

由于中美贸易摩擦，因此在未来的五六年甚至更长的一段时期，我国对美贸易的着眼点可能不是向资本密集型、技术密集型产品方向升级，而是

第四章 贸易壁垒与外贸转型升级

转型。

（1）美国可能以中国产品对美国国家安全存在潜在影响等理由，对中国向美国出口产品进行限制。在 WTO 统计的 22 类产品中，电气机器、运输设备、制造品等几类产品可能较为容易受到美国的限制。其中，美国从中国进口的电气机器占美国从全世界进口的比例较高，这类产品更有可能在以后受到美国政府的进一步限制。

对于高科技产品、电子通信类产品，预计美国可能对从中国进口实行更加严格的限制。从中国对美国出口的角度看，如果想要扩大对美出口，那么大力推动向美国出口高科技产品这条思路，在短期内可能难以成功。

（2）美国可能努力减少对中国产品的依赖，尤其是那些占世界进口份额较大的产品。回顾上一章表 3-4（a）(b)"美国从世界进口货物与我国占比"，2000 年我国向美国出口的货物占美国从世界进口货物的比例为 8.5%，2005 年上升为 15.0%，2017 年上升为 22.3%。我国是美国的主要进口国。

从中美严重贸易摩擦前的 2017 年看，中国一些种类的对美出口产品，在美国从全世界进口的产品中占据了举足轻重的地位：木与纸等，美国从中国进口占美国从全世界进口的 34.8%；纺织品，美国从中国进口占美国从全世界进口的 48.7%；衣物，美国从中国进口占美国从全世界进口的 33.7%；皮革与鞋等，美国从中国进口占美国从全世界进口的 34.1%；非电气机器，美国从中国进口占美国从全世界进口的 32.9%；电气机器，美国从中国进口占美国从全世界进口的 41.8%；制造品，美国从中国进口占美国从全世界进口的 33.7%。

纵观 2000 年以来的数据，除了皮革与鞋等原来就在美国的进口中占有较大比例之外，上述种类的产品从中国入世后，占美国从全世界进口的比例都大幅度上升，基本上是成倍上升，这说明它们受到美国企业和消费者的热烈欢迎。这些产品大部分是民用产品，例如纺织品、衣物、皮革与鞋等，不直接涉及国家安全。但由于份额很大，因此一旦中国停止对美国出口，将给美国普通消费者的生活带来一定的冲击。美国有可能为了防止这样潜在的冲击，限制这些种类的中国产品对美出口。

从 2017 年以来的统计数据看，这些种类的产品几乎都发生了占美国从世界进口比例下降的情况。例如木与纸等，美国从中国进口占美国从全世界进口的比例，从2017年的34.8%下降到2019年的28.9%，再下降到2021年的22.5%，下降幅度非常大。纺织品的相应比例从2017年的48.7%下降到2019年的43.7%，再下降到2021年的39.6%，下降幅度虽然没有木与纸等那样大，但也是明显下降。衣物的相应比例在这三年分别为33.7%、29.9%、24.6%，差不多是下降了三分之一。皮革与鞋等的情况类似，这三年的比例分别为34.1%、27.7%、23.9%。非电气机器的下降幅度相对稍小，这三年的比例分别为32.9%、25.2%、27.2%。电气机器的下降幅度就明显大了一些，这三年的比例分别为41.8%、37.8%、32.8%。制造品的下降幅度较小，这三年的比例分别为33.7%、29.0%、30.6%。

如果美国决定进一步降低对中国产品的依赖程度，那么上述种类产品的中国对美出口可能会进一步降低。因此，从中国对美出口的角度看，整体上中国不宜在上述领域扩大投资与出口，甚至可能需要做一些缩减，以便防患于未然。

（3）中国要想扩大对美出口，有一种可能是扩大出口那些美国从中国进口占美国从世界进口比例较小的种类的产品。这些占比较小的种类，大部分属于农林水产业，少数属于金属矿产业。对于农林水产业来说，首先存在一个存储、运输等成本的问题，其次是加工等技术要符合美国的进口标准，另外还存在一些其他问题。但是从表3-3（a）（b）"中国向美国出口货物"来看，这些产品的出口金额在中国的货物出口中所占的比例极低，几乎可以忽略不计。即使它们增加一两倍，在中国对美出口总额中所占的比重也还是很低。除非出现生产、加工等方面的重大技术突破，否则依靠农林水产品来增加中国对美出口总额，作用不大。至于矿物与金属，往往是不可再生资源，依靠增加它们的出口来增加对美出口，只能是权宜之计，不可作为长期的发展方向。

总体来看，近期内中国扩大对美出口存在困难，可能更多需要考虑的是如何把对美国的出口能力转移到其他国家和地区。

3. 对美贸易转型升级的中长期展望

对于美国政府的对华贸易政策，在美国存在诸多不同意见。事实上，从2018年以来到现在，有大量美国企业家、行业协会要求美国与中国保持良好的贸易关系。由于中国巨大的生产能力、进口能力，美国很难完全关闭与中国经贸往来的大门。

未来的中国对美出口，将在很大程度上取决于中美两国如何协商解决在政治层面、经济层面的分歧。

从政治层面看，中美能在多大程度上建立政治互信，可能是决定美国对中国进出口限制的关键。

在经济层面的诸多问题中，一个长期问题是中国对美国的顺差问题。中国社会科学院首批学部委员、曾担任中国人民银行货币政策委员会委员的余永定（2019）认为，"20年来笔者的观点是中国一定要减少这种顺差，这种顺差从长久来讲对中国是非常不利的……中国本身确确实实不应该对美国维持这么大的经常项目顺差，我们必须采取有效措施解决这个问题"。

二、我国同亚洲国家（地区）的贸易

1. 日本

改革开放以来，中日经济交往密切。回顾上一章表 3-1 "我国同各国（地区）海关货物进出口总额（2022 年）"、表 3-2 "我国海关货物出口的十个主要国家（地区）"可知，如果不考虑我国香港地区，那么从 2000 年以来日本是我国第二大货物贸易出口国。查阅别的资料可知，2000 年我国成为日本第二大进口国、主要出口国，2007 年中国成为日本第一大贸易国、第二大出口国，2009 年以及后来的一些年份中国成为日本第一大出口国。

中日两国从 1990 年代后期开始逐渐呈现政冷经热的格局，2001 年后贸易摩擦开始增加。从货物贸易的角度看，回顾表 3-6 "我国向日本出口货物"、表 3-7 "我国从日本进口货物与净出口"，查阅未删减年份的全表可以看到，2012 年是一个转折点。中国对日本出口金额在 2012 年达到峰值 1869 亿美元，之后基本是一路下降，2016 年降为 1548 亿美元。中国从日本进口金额在 2011 年达到峰值 1943 亿美元，然后在 2012 年下降为 1777 亿美元，之后也是一路下降。中国对日本的净出口在 2011 年是逆差 126 亿美元，然后在 2012 年转为顺差 92 亿美元，之后是多年顺差。

2017 年是又一个转折点。2017 年中国从日本进口比 2016 年增长 14%，出口增长5%，在连续五年顺差后转为逆差。之后中国从日本的进口一路猛涨，2019年达到2044亿美元，比2016年增长了41%。2020年比2019年进口略有增加。中国的对日出口在2017年后开始小幅增加，2021年大幅度上升，达到1840亿美元，比2020年的1624亿美元增加了216亿美元。2022年略有上升。从2017年起，中国对日净出口在2016年及之前连续五年顺差后开始连续几年逆差。

入世以来，中国对日货物出口从原来的劳动密集型产品、资源类产品占绝大多数逐步进化为出口越来越多的技术密集型、资金密集型产品，而中国从日本进口的产品以技术密集型产品为主。在亚洲各国中，日本具有较大的科学与技术优势，在很多产业中掌控着核心技术。在亚洲各国的生产网络中，日本具有较大的引领作用，总体来说在生产链条中位于上游，而中国位于中下游。中国的优势在于对高端技术有很强的吸收与应用能力，有强大的生产能力，中日两国在生产上可以互补互利。此外，中国有巨大的消费市场和消费能力。

但是2017年展露苗头的中美严重贸易摩擦对中日贸易逐渐产生一定的负面影响，这不仅影响了中国企业，还影响了对美国出口的日本在华企业、对中国出口的日本在美国企业。虽然重新构建产业链、迁移企业通常需要几年的时间，但许多日企担心后续中美贸易摩擦加重，导致产业链中断、企业生产经营困难，于是开始陆续减少与中国的产业联系，或迁出中国。这种重构产业链、迁移企业不仅不利于中国，也对日本企业不利。

2020年6月，我国设立了青岛、天津、大连、上海、苏州、成都六个中日地方发展合作示范区，当年11月又批准北京建设中日创新合作示范区。这些中日合作示范区的设立是我国政府努力加强与日本经济交往的重要措施。

在增加我国对日出口的各项措施中，我国加入《区域全面经济伙伴关系协定》（Regional Comprehensive Economic Partnership，RCEP）是一项重要的措施。该协定由中国、日本、韩国、新加坡、泰国、越南、新西兰、澳大利亚等国签订，2022年1月起陆续生效，2023年6月起对15个成员国全面生效。在此之前我国与RCEP的其他国家基本都签订了不同条件的自由贸易协定，但没有与日本签订。通过 RCEP，我国相当于间接与日本签订了自由贸易协定。按照该协定，在生效后的 20 年里，中日之间将大幅度扩大零关税产品种类，中国从日本进口产品实行零关税的产品种类将从 8.4% 逐步扩大到 86%，日本从中国进口的产品种类将有 87% 实行零关税。

回顾表 3-6 "我国向日本出口货物"可以看到，在我国设立中日合作示范区之后，在我国连续几年逆差并于 2020 年取得空前逆差金额之后，我国的对日出口在 2021 年、2022 年比前几年大幅度增长，恢复到了 2011 年、2012 年的出口水平。

未来十年内，中国对日贸易转型升级的方向可能应该是出口维持、进口升级。①从中国对日本出口看，高科技、涉及国家安全的产品种类较少。此外，从查阅的其他资料来看，我国向日本出口的 22 项产品在日本全部进口中占据的份额一般不是很大。这样，短时期内日本对我国向日本出口的限制可能不会太严重。②日本可能为了重建产业链而将一部分企业、订单从我国转移到本国、东南亚或其他地区，这样，我国可能面临相应的减产。③日本可能限制向我国出口高科技产品、转移技术，这样，那些需要我国从日本进口关键零部件、技术的产品，可能将不得不减产，或转向其他渠道购买。对于上述①和②，我国可能应该努力维持现在的对日出口水平，保持对日出口不下降，至少不大幅度下降，此为出口维持。对于上述③，我国可能需要一方面努力保持对日本高科技产品的进口，另一方面加强科技研发，尽量减少对日本高科技产品和技术的依赖，此为进口升级。

2. 韩国

1992 年中国与韩国建交，之后两国的经贸往来逐渐增加。由于那时我国的劳动力成本较低，因此很多韩国大公司将加工组装等劳动密集型生产环节设在我国东部沿海地区。在合作生产过程中，特别是从我国加入 WTO 以后，我国企业的技术能力不断提高，对于很多零部件，甚至整品，我国逐渐可以自己生产，而不再需要从韩国进口。以三星手机为例，其中的很多零部件是由中国企业在中国生产的。

回顾表 3-2 "我国海关货物出口的十个主要国家（地区）"可知，2000年韩国就已经是我国第三大货物贸易出口国，在之后的二十多年里，韩国一直是我国的主要出口国之一。韩国还是我国的主要进口国，回顾表3-2（d）"我国海关货物出口的十个主要国家（地区）（2015年）"可知，2015年韩国是我国的第一大货物进口国。

2012年5月中韩启动自由贸易区谈判，2015年6月两国签订《中韩自由贸易协定》。按照该协定，20年后中韩两国90%以上的产品种类将实行零关税。该协定还有很多项其他合作内容，例如该协定采用了国际上较为先进的准入前国民待遇加负面清单的形式，几年后这一做法写入了中国的《外商投资法》。2017年，中国在江苏省盐城市、山东省烟台市、广东省惠州市设立中韩产业园。之后，中韩两国于2022年加入RCEP。

2010年代以来，我国的劳动力成本优势逐渐降低，东南亚国家的劳动力成本优势开始显现，韩国将一些劳动密集型产品的生产向东南亚国家转移。此外，中美贸易摩擦在一定程度上给中韩贸易带来了负面影响。上述这些因素有可能减少我国向韩国的出口。

尽管中韩存在种种可能不利于两国经贸往来的因素，但是多年积累下来的有利于两国经贸交往的基础还很强大。在多种因素的作用下，我国向韩国的出口也许不降反升。回顾表3-8"我国向韩国出口货物"、表3-9"我国从韩国进口货物与净出口"，以及查阅未删减年份的全表可以看到，2010年我国对韩国净出口为逆差682亿美元，在之后的十多年里，逆差有所起伏，但总体是增长的，2018年、2019年逆差都突破1000亿美元。与此相关，从2017年起我国从韩国的进口开始大幅上升，2018年、2019年、2020年达到空前的2000亿美元左右。在此之后的2021年我国向韩国的出口从2020年的1089亿美元增加到1384亿美元，增加约300亿美元，增长幅度为27%。之后的2022年我国向韩国的出口进一步增加为1546亿美元，比2021年增加了162亿美元。

在以后的十来年里，如果中韩两国认真履行《中韩自由贸易协定》《区域全面经济伙伴关系协定》，那么在中韩深厚的双边贸易基础上，在与韩国良好的经贸关系下，我国有较大的能力保持或基本保持向韩国的大量出口。

3. 印度

根据《中国统计年鉴2023》附录1-4，2022年印度的GDP超过英国、

第四章 贸易壁垒与外贸转型升级

法国等国,成为世界第五经济大国。回顾表 3-2 "我国海关货物出口的十个主要国家(地区)",印度是我国货物贸易十大出口国之一。查阅别的资料可知,我国是印度的第二大贸易伙伴、第一大进口国、第三大出口国。在很多年里,我国是印度的最大贸易逆差来源国,而同时印度对美国长期保持贸易顺差,形成"美顺中逆"现象。

从经济角度来看,有以下几方面的因素对中国出口不利。一是近些年中国劳动力成本上升,再加上一些跨国公司的重建供应链计划,造成一些企业从中国向印度转移,其中包括苹果公司的富士康、和硕等代工厂逐步从中国向印度转移。二是中国产品物美价廉,在印度很受欢迎,对当地的企业形成竞争。三是印度政府从国家层面有意识地扶持印度企业,减少对外国产品的依赖。

但是印度很难完全与中国经济脱钩,至少在短期内是如此。原因如下。其一,印度的工业部门不够齐全,生产技术不够先进,需要进口大量的零部件等中间产品以进行后续生产。除了中国外,印度一时难以从别的国家进口如此大量、合格的中间产品。其二,印度的水电、交通等基础设施往往较为落后,修路架桥、搭建厂房等建造能力相对不足,而中国工程建设的速度、能力都是世界一流的,价格也相对便宜,如果限制中国,将使印度相关工程建设的工期大大延长,成本明显上升。其三,印度有庞大的低收入人口,除了中国以外,别的国家难以为印度提供大量的价廉物美的生活用品。

从中国对印度外贸的转型升级来看,在未来的十年内可能有以下考虑。

(1)增加中印两国的相互了解,促进两国经贸往来。单从经济上看,印度还是很需要中国产品的。回顾表 3-12 "我国向印度出口货物"、表 3-13 "我国从印度进口货物与净出口",以及查阅未删减年份的全表可以看到,我国从 2017 年起大幅度增加从印度的进口,从 2016 年的 117 亿美元增加到 2017 年的 163 亿美元,增加了 46 亿美元,增长幅度为 39%。之后连续几年增加,2020 年达到 201 亿美元,比 2016 年增长 72%。而我国向印度出口在 2021 年大幅度增加,达到 944 亿美元,比 2016 年的 605 亿美元增加了 339 亿美元,比 2020 年的 649 亿美元增加了 295 亿美元。这说明我国向印度出口有较大的提升空间。

（2）中资企业在印度多个行业具有竞争优势，中国产品在印度多个行业占有较大份额，例如中国的手机。印度政府出于对本土产业的保护，会对这些行业的中国企业采取一定的限制措施。因此，这些行业的中国企业在扩张印度市场时应当加倍小心，甚至有意识地进行适当收缩。

（3）印度在 IT 技术等少数行业较为先进，但从整体来说，印度处于制造业的低端，而我国处于中端。从印度的战略选择看，其对我国采取替代战略，以"印度制造"替代"中国制造"。我国对印出口中科技含量较低的产品容易被印度本土产品或其他国家的产品替代，而科技含量较高的产品则相对较难替代。我国应进一步发挥科技优势，开发更多科技含量较高、替代性较小的产品进入印度市场，扩大对印度的出口。

考虑到中印两国是人口世界第一、第二大国，是 GDP 世界第二、第五大国，中印两国又是近邻，因此中印两国的贸易还有很大的发展潜力。但未来一段时期究竟如何发展，将由多方面因素综合决定。

4. 其他国家和地区

除了上述日本、韩国、印度以外，亚洲还有一些国家和地区与我国有较多的经贸往来，下面以泰国、越南、中国台湾、新加坡、中国香港为代表进行分析。

（1）泰国。在多年里，中国是泰国的最大贸易伙伴国、第二大出口国、最大进口国。此外，中国多年来是泰国最大的农产品出口国，近期有几年成为泰国最大的外资来源国。

泰国在 1980 年代就成为中等收入国家，但在其后的几十年里经济没有大的发展，被一些人认为是困于"中等收入陷阱"的典型代表。泰国的工业在很大程度上来源于四五十年前从日本、韩国等国转移来的劳动密集型产业，主要负责加工组装环节。近几年，泰国提出要建设"东方底特律""时尚之都"，前者是由于泰国几十年来在汽车制造业有一定基础，近些年在电动车、新能源车领域投入很大，后者是背靠泰国长期以来作为重要经济产业的纺织品产业。总体来说，泰国经济的支柱产业还是农业、劳动密集型产业。

几十年来泰国与中国比较友好，在贸易上两国签订了多项协定，合作良好。回顾表 3-14 "我国向泰国出口货物"、表 3-15 "我国从泰国进口货物与净出口"可知，我国一年向泰国出口货物金额为 400 多亿美元或略多，从泰国进口货物金额为 300 多亿美元或略多，这些进出口数字并不算小，但是考虑到泰国有 7000 多万人口，1980 年代就成为中等收入国家，那么可以认为中泰两国的贸易还有较大的可能进一步发展。

中泰两国比较来看，泰国在电动车等少数领域具有较高的技术水平，而在其他行业中国普遍对泰国具有技术优势，在部分行业中国具有世界领先水平并且在泰国具有较大的市场潜力。例如，泰国运输比较落后，很大一部分运输依靠价格昂贵的空运，而中国在铺建铁路、修建公路方面具有高超技术和丰富经验，可以以此作为一个切入点。一方面，中国建筑施工企业及相关原材料供应商可以获得收入；另一方面，中国产品可以通过新建的铁路、公路向周边地区辐射，进行推广销售。此外，铁路、公路建好后，中国可以更加便捷地购买更多的泰国产品，从企业层面可以增加其收入，从国家层面可以减少泰国对中国的逆差，减轻中泰贸易摩擦。2015 年中泰铁路建设项目启动，该铁路从中国昆明始发，经老挝再到泰国，全线通车后将大大促进中泰贸易的进一步发展。

（2）越南。越南于 1996 年开始实行"融入国际"（International Integration）发展战略。在此之前，越南的出口产品主要是初级产品，进口产品主要是生活用品、农业用品。之后，越南开始大力发展与亚洲国家、欧美国家的经济贸易，逐渐融入国际产业链，初期主要从事劳动密集型产品的生产。现在越南已经由主要出口资源型产品（尤其是石油），转变为出口大量工业制成品。2010 年代以来，随着中国劳动力成本优势的削弱以及其他原因，越南在亚洲产业链中承担了越来越多的份量。例如 2019 年 6 月，韩国三星集团关闭了在中国广东惠州的手机生产厂，这也是三星集团在中国的最后一家手机生产厂。在那前后，三星集团在越南投资 200 多亿美元，建造了 8 家手机生产厂。

回顾表 3-2 "我国海关货物出口的十个主要国家（地区）"，以及查阅其他资料可知，2015 年越南是我国第五大出口国，我国是越南的最大贸易国、第三大出口国、最大进口国，近些年是越南的主要投资国之一。近年来，越南基本上是出口顺差国，最大出口国为美国。但是，我国多年来是越南第一大逆差来源国。越南努力提高生产技术，并增加从其他国家的购买，以减少对中国产品的依赖。越南采取了很多措施扩大国际经贸往来，例如2019年6月越南与欧盟签订了《欧盟与越南自由贸易协定》（EU-Vietnam Free Trade Agreement，EVFTA），这是欧盟与发展中国家签订的最全面的自由贸易协定，按照这一协定，10年内欧盟国家与越南之间99%的货物贸易将取消关税，这个协定把越南经济与欧盟经济紧密地连接在一起。

越南与发达国家之间越来越密切的贸易往来，给我国增加向越南出口带来了很大的压力。从我国对越南外贸的转型升级来看，可以从以下两方面考虑。

第一，总体来说，越南的科技实力明显低于中国，工业发展水平明显落后于中国，各国向越南转移的产业中，劳动密集型产业、中低端产业占了很大比例，这样，对于生产中高端产品，中国相比越南有较大的技术优势。与欧美同样的商品相比，一般来说中国产品的价格低一些，销售更灵活，售后更便捷。中国还是有很多在越南扩大生产与出口中高端产品的机会，这可能应作为以后增加我国向越南出口的主要方向。

第二，除了中高端产品以外，对于生产劳动密集型产品、中低端产品，中国在与越南的竞争中也未必不能取得一席之地。例如，越南气候炎热，拖鞋在各种鞋中使用最多，消费量巨大。拖鞋显然属于中低端产品，而中国生产的一些拖鞋在越南很受欢迎，销量很大。

（3）中国台湾。2001年、2002年我国大陆和我国台湾相继加入WTO，2005年我国台湾政党领导人赴北京会谈，2008年两岸实现直接"三通"，2010年两岸签订《海峡两岸经济合作框架协议》（Economic Cooperation Framework Agreement，ECFA），两岸各领域的经贸发展在2010年代中期达到一个高峰。在多年里，我国大陆是我国台湾的主要出口地区，我国台湾出口的货物中有大约40%销往我国大陆。回顾表3-1"我国同各国（地区）海关货物进出口总额（2022年）"可知，2022年我国台湾是我国大陆最大的货物进口来源地。近些年，我国台湾向我国大陆的出口中，有两类产品影响比较大：芯片、农产品。

第四章　贸易壁垒与外贸转型升级

我国台湾生产的芯片在世界芯片市场上处于领先地位，也是我国大陆和我国台湾贸易的最核心产品。我国台湾生产的芯片大部分卖给我国大陆，是我国台湾对我国大陆贸易顺差的主要来源。我国大陆从十几年前开始成为世界上使用芯片最多的地区，但我国大陆芯片生产能力不足，一方面是产量较少，另外更重要的是在技术上只能生产中低端芯片，对于技术要求较高的中高端芯片及相关产品，主要依赖进口，一年的进口额为三四千亿美元。近几年，我国大陆进口芯片开始受到各种限制。从短期看，由于我国大陆芯片使用数量庞大，世界主要芯片生产厂商在没有足够时间采取应对措施前，一时无法放弃我国大陆市场。但是从中长期看，如果不能打破对我国进口中高端芯片的限制，那么可能对我国使用中高端芯片的出口行业造成较大损害。

我国台湾向我国大陆出口的农产品金额不大，在我国台湾向我国大陆出口的全部货物金额中只占极小的比重，回顾表3-19"我国大陆从我国台湾地区进口货物与净出口"可见具体数据。但是该项出口对我国台湾的影响比较大，主要是因为我国台湾从事农产品生产的人员较多，尤其是在我国台湾南部地区。农产品贸易直接影响农产品生产者的利益。从2013年起，在多年的时间里，我国大陆是我国台湾农产品的第一大出口地。

我国台湾工业部门不完整，对我国大陆的工业产品有较大需求。我国大陆则对我国台湾的芯片等产品有较大需求。同时两岸都有农产品贸易等需求。从经济角度来看，两岸应该有进一步的贸易往来，但是这几年两岸的贸易往来受到较多政治因素的影响。未来的两岸贸易发展，有很大的不确定性。

（4）新加坡。新加坡虽然是一个岛国，面积只有700多平方千米，但在石油等领域拥有很强的工业实力。1960年代，新加坡将石油化工产业作为新加坡经济的支柱产业。2000年代后期，裕廊岛的石油化工基地成为世界三大炼油中心之一。电子制造工业一度是新加坡最主要的产业，但进入2010年代以来，新加坡逐渐从电子制造业转移，向信息产业发展。新加坡也是亚洲金融中心之一、世界级航运中心之一。

新加坡与我国关系良好，经济往来密切。1994年开始合作建设的苏州工业园发展迅速，成绩斐然。此后建设了天津生态城、广州知识城等两国合作项目。2019年启动的中新（重庆）国际互联网数据专用通道是我国首条针对单一国家、点对点的国际数据专用通道。2008年新加坡与我国签订《中国-新加坡自由贸易协定》，是第一个与我国签订双边自由贸易协定的亚洲国家。根据该协定，新加坡在2009年1月1日取消全部自华进口产品关税，中国在2012年1月1日前对97.1%的自新进口产品实现零关税。在若干年里，我国是新加坡第一大贸易伙伴、第一大出口国、第一大进口国。

回顾表3-2"我国海关货物出口的十个主要国家（地区）"可知，新加坡是我国十个主要货物出口国家（地区）之一。对于新加坡这样一个地域狭小、人口只有500多万的岛国来说，我国对新加坡的出口量非常大，这里面包含了很大一部分转口贸易。从我国对新加坡货物贸易的转型升级来看，除非是增加转口贸易，否则我国想要增加对新加坡的货物出口已经没有很大空间了。

未来我国对新加坡的货物出口，在一定程度上取决于我国与其他国家的贸易关系。如果我国与其他国家经贸关系良好、关税等贸易条件优惠，那么有可能减少与新加坡的转口贸易，直接出口至其他国家。

（5）中国香港。我国香港与新加坡有很多相似之处，我国香港陆地面积比新加坡略大，人口比新加坡略多，是亚洲金融中心、航运中心。但是我国香港没有像新加坡的石油化工业、电子制造业那样强大的制造产业。虽然我国香港是我国的第二大出口地区，但是我国向我国香港的出口大部分是转口贸易。1997年我国香港回归，这为我国向我国香港出口提供了极大便利。未来我国向我国香港的出口，主要取决于我国香港能在多大程度上拥有国际自由贸易港、亚洲金融中心等国际经济地位。

三、我国同欧洲国家（地区）的贸易

1. 德国

德国的GDP是世界第四，欧洲第一。德国是欧盟各国经济上的"火车头"。德国是出口大国，每年的出口额占欧元区出口总额的三成左右。并且，其他欧元区国家的出口主要是面向欧洲国家，例如法国的最大出口国是德国，而德国的出口很大部分是面向欧洲以外的国家和地区，主要是亚洲、美国。中国是德国的最大贸易伙伴、第三大出口国。

第四章　贸易壁垒与外贸转型升级

其他的欧美发达国家，近三四十年普遍大幅度缩减制造业，而德国一直保持制造业的强大地位，其中汽车、机械制造、化工医药等行业规模庞大、技术世界领先。德国在 2013 年提出"工业 4.0"思想，2020 年该思想成为德国政府《德国 2020 高技术战略》的一部分。2019 年德国政府发布《国家工业战略 2030》，与之前相比，该国家战略要求加大政府干预产业发展的力度，着眼点也不再专注于经济本身，而是带有政治考虑。

1980 年代中期，德国提出并大力实践"以商促变"的思想，这一思想后来在欧盟有很大影响。2019 年德国发布的《国家工业战略 2030》认为，把生产制造的所有环节放在一个经济区域内进行，保持一个闭环的工业增值链非常重要。该文件还提出对于涉及德国经济安全的企业，要限制非欧盟企业收购。2019 年欧盟发布《欧盟外国直接投资审查条例》，限制欧盟外国家对欧盟核心科技企业的收购。

从中国对德国外贸的转型升级来看，中国从德国进口，与向德国出口同等重要，在某种意义上比向德国出口更加重要。德国产品的优势不是成本，而是其高超的设计、制造、创新能力。几十年来中国在从德国进口等经贸往来中学习借鉴了很多。

从增加中国向德国出口的角度看，中国向德国出口的产品虽然近些年已经在很大程度上向资本技术密集型产品转化，并且中国在光伏产品等少数产品上的技术能力不弱于德国，但总体来说中国向德国出口的产品还有很多相对偏向劳动密集型，可替代性较大，这些种类的产品扩大出口的前景不容乐观。而中国科技水平较高的产品，由于德国工业门类较全，往往与德国本国的产品形成竞争。中国想要扩大向德国的出口，可能需要一方面提高科技水平，创造出德国需要并且难以替代的产品，另一方面与德国保持良好的经贸关系，但这些在短时期内存在一定困难。

德国近些年劳动力短缺，尤其是缺乏年轻的工程师、技工等专业型劳动力，从而会对德国生产形成不利影响，这也许可以给我国向德国出口提供一些机会。

2. 英国

英国是仅次于德国的欧洲第二经济大国，多年来是世界第五经济大国。

根据《中国统计年鉴》，英国在2019年、2022年GDP被印度超越，居世界第六。2016年6月英国公投决定脱离欧盟，2020年底完成脱欧。

2008年国际金融危机以后，英国的劳动生产率增长缓慢。对于原因，众说纷纭，例如可能是因为英国金融业高度发达，工业空心化现象严重，2010年前后英国制造业占GDP的比重低于德国相应比重的一半。2016年起脱欧所形成的各种政治、经济变动，在短期内对英国经济造成了诸多影响。

由于脱欧，英国与欧盟国家之间不再像以前一样可以进行充分自由的经贸往来，这迫使英国向欧盟外的国家寻求破解之路，其中一个重要举措就是英国向美国、向亚洲要求加强经贸往来，谈判签订自由贸易协定。美国是英国的最大贸易伙伴，但英美谈判并不顺利。令人注意的是，2023年7月英国加入《全面与进步跨太平洋伙伴关系协定》（Comprehensive and Progressive Trans-Pacific Partnership，CPTPP），这是继2018年的11个创始国之后第一次有新成员国加入CPTPP。英国是12个CPTPP成员国之中唯一的欧洲国家，这个协定是英国自脱欧以来与各国签订的规模最大的自由贸易协定。从英国签约加入CPTPP可以看出英国加强发展与亚洲国家的经济贸易的迫切愿望。

从历史上看，英国将近一半的出口面向欧盟国家，一半多一点的进口来自欧盟国家。由于各种有形无形的约束，脱欧前作为欧盟成员国的英国，其很多进口产品是优先从欧盟国家选择，而不是从全球选择。脱欧后英国没有了这样的约束，可以充分自由地从全球选择进口价廉物美的产品，这是我国的一个机会。

回顾表3-21"我国向英国出口货物"可知，在英国脱欧后的2020年、2021年、2022年，我国向英国出口货物金额呈现三级跳式的增长，分别为683亿美元、894亿美元、1099亿美元。从2020年到2022年，仅仅两年的时间出口就增加了416亿美元，增幅高达61%，年均增长30%。从上述数字可以看出，我国在英国脱欧后增加对英国出口有很大的潜力。

总体来看，如果我国在近几年内能充分把握时机，那么有可能比较大地增加对英国的出口。如果错过这几年的时机，那么以后再想大幅度增加对英国的出口，可能就要困难一些。

3. 欧盟

多年来,欧盟是中国的第一大贸易伙伴,而中国是欧盟的第二大贸易伙伴。2020年,中国首次超越美国成为欧盟的第一大贸易伙伴。欧盟还是中国重要的技术来源地。

进入21世纪以来,除德国外,法国、意大利等欧盟发达国家或多或少出现工业空心化现象,在一些制造业领域逐渐出现中国产品可以在技术上与欧盟产品竞争的现象。

除了德国外,欧盟各国以往的出口主要面向欧盟内的其他国家。欧盟国家在欧盟内的国际贸易有诸多便利。但是欧盟有近30个国家,各国的经济规模、发达程度、资源禀赋等情况差别很大,中国还是有机会增加出口的。虽然中欧在一些领域具有竞争性,但同时在很多领域具有互补性。一方面,相对于欧盟,中国具有劳动力成本优势,在生产中低端产品方面占有优势;另一方面,中国有些产业的技术已经具有世界先进水平,例如光伏产业、数字经济产业。这样,面对欧盟几十个国家,中国在高中低端产品上都有增加出口的机会。

回顾表3-20"我国向欧盟出口货物"可以看到,2016年后我国向欧盟出口货物的金额是增加的,尤其是2021年、2022年,出口额分别为5421亿美元、6190亿美元,2022年比2016年的3726亿美元增加了2464亿美元,增幅为66%。这组数字足以说明我国向欧盟出口还有增加的可能。

第二节 绿色贸易壁垒下的外贸转型升级

一、我国面临的绿色贸易壁垒

关于什么是绿色贸易壁垒,目前没有一个统一的定义。按照陆婷和徐奇渊(2023)所说,"绿色贸易壁垒作为非关税技术性壁垒的一种,是进口国以保护生态环境、自然资源和人类健康为由而制定的一系列技术标准和法规制度。它不仅可以涵盖产品环境技术标准、安全认证、绿色包装和标签、卫生检疫等内容,也可以为产品生产环节中的环境足迹(如碳足迹、水足迹)设定标准"。

最常见、很早就开始出现的绿色贸易壁垒是对食品的卫生安全检测制度，包括早期的细菌超标、含毒感染检测，后来的药物残留、非食用添加剂检测，以及近些年的转基因检测等各种检查、检测。表4-1是我国2017年至2021年出口的农产品、食品被扣留、召回的主要原因汇总。

表4-1 2017—2021年我国农产品、食品出口被扣留、召回的主要原因

单位：批次

项目	2017年	2018年	2019年	2020年	2021年
品质不合格	256	304	210	176	275
证书不合格	162	202	200	164	51
农药兽药残留	277	430	190	156	184
含有不当的微生物	129	143	152	83	137
食品添加剂超标	62	77	76	72	106
含有污染物	26	51	70	38	189
生物毒素污染	128	2	66	40	57
含有非食用添加物	166	179	159	222	175
标签不合格	110	131	146	100	61
含有转基因成分	14	7	14	14	2
总计	1330	1526	1283	1065	1237

数据来源：郑绪涛和郭红（2023）。

表4-1中列举了农产品、食品出口后被扣留、召回的十种原因。从2017年至2021年这五年的统计数据看，品质不合格、农药兽药残留、含有不当的微生物、含有非食用添加物是其中的主要原因。

继早期的农产品、食品卫生安全检测之后，在出口中常见的还有针对纺织品、家具、玩具等人们日常接触产品的检测，其中纺织品是我国的重要出口产品。OEKO-TEX Standard 100于1992年由OEKO-TEX国际环保纺织协会制定，是目前世界上应用最广泛的纺织品标准，它首次使用了生态纺织品的概念，检测纺织品中含有的有害物质，包括甲醛、氯化苯酚、杀虫剂、可萃取的重金属、禁用偶氮染料等项目。它将纺织品分为四类，分别制定了不同的标准：婴儿用品（一类）、直接接触皮肤的产品（二类）、不接触皮肤的

产品（三类）、装饰材料（四类）。欧洲国家往往对环保要求较高，欧盟制定了生态标签（Eco-label）制度，该标签不仅适用于纺织品，还适用于电脑、餐具、地板等多类产品。欧盟允许成员国在与 Eco-label 保持一致的前提下，制定、颁发本国的生态标签，例如德国使用的是"蓝天使"标签。如果纺织品没有获得上述相关认证，那么在环保要求较高的欧盟国家就难以销售。

近些年人们对环境污染越来越关注，尤其是大气污染，由于流动性较大，影响的地域往往不限于一地一国，因此更受到人们的关注，特别是受到发达国家的关注。1997 年，100 多个国家签订了《京都议定书》，共同应对气候变暖、空气污染等问题，其中提出了碳排放权交易等三种减排机制。此外，还有其他一些应对措施，例如欧盟预计从 2026 年起对碳排放量较大国家和地区的一些商品征收碳边境税。我国的出口产品有很多是碳排放密集型产品，欧盟征收碳边境税将对我国向欧盟国家的出口造成不利影响。

除了上述绿色贸易壁垒的表现形式外，还有许多其他形式的绿色贸易壁垒，例如比较常见的包装物绿色标准。这类标准已经不仅是对产品本身的检测，而且延伸到了产品的包装物，要求包装物应当尽量使用可再生材料、可循环使用材料，不能使用或限制使用会对环境造成污染的材料。前些年我国的菜市场、超市广泛使用的某些种类的塑料袋就在禁用之列，如果在出口商品中使用类似的塑料袋，将很可能被进口国扣留或退回。

二、分析与建议

1. 制定全面、严格的法律法规

目前，我国与绿色贸易壁垒相关的法律法规普遍存在着不全面、不严格的问题。对于产品生产与销售的各个环节，应明确并详细地规定各种操作规范。对于违反操作规范的企业与个人，应在法律法规中明确规定相应的惩戒措施。对于情节严重的，应在相关法律法规中明确规定予以刑事处理。

2. 严格执法

在我国的各种商业监管中，一些法律法规的执行往往停留于"写在纸上、挂在墙上"，一些监管、执法人员存在懈怠、不认真负责的行为，更有少数害群之马利用各种机会对相关企业或个人进行索贿。对于这些情况，需要进行长期坚持不懈的监督，以保证按规执法、严格执法。

3. 积极修订行业规定，努力采用绿色新技术

以纺织品为例，我国 2010 年 1 月发布了《GB 18401—2010 国家纺织产品基本安全技术规范》（以下简称《规范》），该《规范》内容较为简单，检测项目很少。我国 2020 年 10 月发布了《GB/T 18885—2020 生态纺织品技术要求》，这是继 2002 年版、2009 年版之后的最新版本。与前述《规范》相比，《生态纺织品技术要求》的检测项目多了几倍，并且细化、严格化。但与 OEKO-TEX Standard 100 纺织品标准相比，我国的纺织品标准还是有所不足。我国可以参考国外的相关规定，积极修订、更新、改进，与国际接轨，为我国产品进入外国市场做好充分的准备。

在生产中，有一些企业使用落后的甚至是禁止的工艺或技术，例如有一些企业在纺织品印染中使用的工艺可产生致癌物，或采用了欧盟禁止的染料，最终导致货物被退回。如果采用无污染的先进设备，一是购买设备的投资很大，二是后续的生产成本会上升，从而企业往往不愿意使用先进技术。但是为了出口，也为了消费者的身体健康，我国的生产企业还是应该尽量采用先进的绿色新技术。

4. 稳妥改进，逐步提高

在提高标准、采用新技术的过程中，应该考虑我国的实际情况，稳妥改进，逐步提高，而不应不加区分地一步到位。例如我国是世界上数一数二的能源消耗大国，并且大半能源来自煤炭。我国要想在短期内将碳排放量降下来，需要大量的资金和技术。在我国急需的几十项碳减排核心技术中，我国只掌握了小部分。在这种情况下，不应一刀切地要求所有企业一步到位，而是应该区分污染严重程度等各种情况，逐步实现减排目标。

第五章　我国人口与外贸转型升级

第一节　我国劳动力市场结构

一、二元人口结构与城镇化

我国的外贸发展模式究竟朝哪个方向走，在很大程度上取决于怎样看待我国几十年前开始形成的所谓"人口红利"。我国的对外贸易，尤其是货物出口，之所以能够在改革开放以来的四十多年里迅速增长，劳动力低廉无疑起到了至关重要的作用。

一方面，1950年代至今，我国在户籍管理上将人口划分为城镇人口、农村人口两大类，在经济、社会关系上实行不同的管理方式。另一方面，在研究我国人口与经济的关系时，很大程度上受刘易斯（1954）的二元劳动力市场框架等的影响，1990年代以来我国劳动力市场分析往往将我国劳动力市场划分为农村劳动力与城市劳动力的二元市场，认为农村劳动力是城市劳动力的廉价后备军，劳动力的短缺或过剩基本上等同于农村劳动力的短缺或过剩。改革开放以后出现大量的农村人口进城到工厂打工，他们工资低廉、工作辛苦，并因而出现了一个可能是中国在全世界独有的词汇：农民工。

2003年以前，在各种学术研究、政策制定中，甚至是在教科书里，都认为中国低廉劳动力的供应是近乎无穷无尽的。但是其后的"民工荒"动摇了人们的看法。2004年有学者注意到了这个问题，公开发表论文对此进行了研究，指出这是20年来浙江城市民工第一次出现供不应求的状况。但当时的主流思想还是认为这只不过是临时性的小问题，不影响大局。从2005年起，一些研究开始认为我国的劳动供求基本格局可能已经发生了改变。之后，学界逐渐对刘易斯拐点（进一步细分，可分为刘易斯第一拐点、刘易斯第二拐点）理论进行了热烈争论和广泛传播。之后2010年的又一场"民工荒"，使得很多人认为我国可能已经进入劳动力短缺时代，很多经济学家开始关注、研究以往很少在意的中国人口问题。

与此相关，我国于1950年代建立的城乡二元结构开始发生巨大变化。越来越多农村人口的户口类别由农村改为城镇，即城镇化。表5-1是我国1949年至2022年城镇、乡村人口变化情况。

表5-1 我国城镇、乡村人口变化情况

年份	年末总人口/万人	城镇人口/万人	乡村人口/万人	城镇人口占全部人口的比重/%
1949	54167	5765	48402	10.64
1950	55196	6169	49027	11.18
1951	56300	6632	49668	11.78
1955	61465	8285	53180	13.48
1960	66207	13073	53134	19.75
1965	72538	13045	59493	17.98
1970	82992	14424	68568	17.38
1971	85229	14711	70518	17.26
1972	87177	14935	72242	17.13
1973	89211	15345	73866	17.20
1974	90859	15595	75264	17.16
1975	92420	16030	76390	17.34
1976	93717	16341	77376	17.44
1977	94974	16669	78305	17.55
1978	96259	17245	79014	17.92
1979	97542	18495	79047	18.96
1980	98705	19140	79565	19.39
1981	100072	20171	79901	20.16
1982	101654	21480	80174	21.13
1983	103008	22274	80734	21.62

第五章　我国人口与外贸转型升级

续表

年份	年末总人口/万人	城镇人口/万人	乡村人口/万人	城镇人口占全部人口的比重/%
1984	104357	24017	80340	23.01
1985	105851	25094	80757	23.71
1986	107507	26366	81141	24.52
1987	109300	27674	81626	25.32
1988	111026	28661	82365	25.81
1989	112704	29540	83164	26.21
1990	114333	30195	84138	26.41
1991	115823	31203	84620	26.94
1992	117171	32175	84996	27.46
1993	118517	33173	85344	27.99
1994	119850	34169	85681	28.51
1995	121121	35174	85947	29.04
1996	122389	37304	85085	30.48
1997	123626	39449	84177	31.91
1998	124761	41608	83153	33.35
1999	125786	43748	82038	34.78
2000	126743	45906	80837	36.22
2001	127627	48064	79563	37.66
2002	128453	50212	78241	39.09
2003	129227	52376	76851	40.53
2004	129988	54283	75705	41.76
2005	130756	56212	74544	42.99
2006	131448	58288	73160	44.34
2007	132129	60633	71496	45.89
2008	132802	62403	70399	46.99
2009	133450	64512	68938	48.34
2010	134091	66978	67113	49.95
2011	134916	69927	64989	51.83
2012	135922	72175	63747	53.10

续表

年份	年末总人口/万人	城镇人口/万人	乡村人口/万人	城镇人口占全部人口的比重/%
2013	136726	74502	62224	54.49
2014	137646	76738	60908	55.75
2015	138326	79302	59024	57.33
2016	139232	81924	57308	58.84
2017	140011	84343	55668	60.24
2018	140541	86433	54108	61.50
2019	141008	88426	52582	62.71
2020	141212	90220	50992	63.89
2021	141260	91425	49835	64.72
2022	141175	92071	49104	65.22

数据来源：《中国统计年鉴2023》。

1949年以来，中国的总人口从5.4亿人增加到2022年的14.1亿人，增长了1.6倍。与此同时，城镇人口从5765万人增加到9.2亿人，增长了15倍。城镇人口占全部人口的比重从1949年的10.64%增加到2022年的65.22%。这个比重的变化情况如图5-1所示。

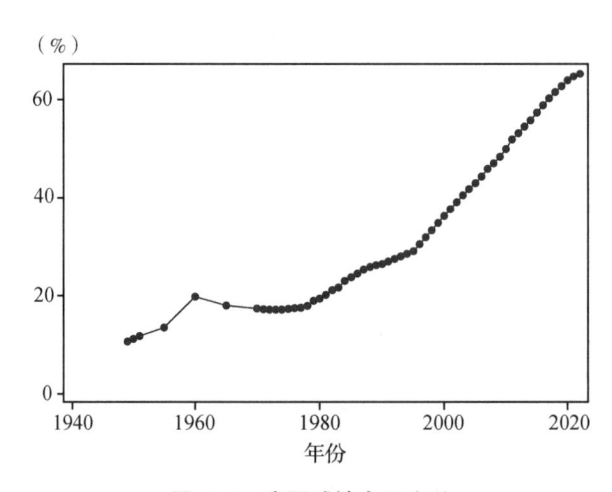

图5-1 我国城镇人口比重

从图5-1可以看到，我国城镇人口占总人口的比重在1990年代后期开始加速增长。1949年时该比重为10.64%，这个比重上升到20%的时间节点是在1981年（20.16%），也就是说32年提高了约10个百分点。增加到30%的时间节点是在1996年（30.48%），15年提高了约10个百分点。提高到40%的时间节点是在2003年（40.53%），仅仅用了7年。之后是2011年的51.83%，8年提高了约11个百分点。2017年为60.24%，6年提高了约9个百分点。最新的数据是2022年的65.22%，5年提高了约5个百分点。

从图5-1可以看到，进入2020年代以来该比重的增长开始放缓。之所以增长放缓，一种可能是随着人口总量的不断增加，在人口总量中每提高1个百分点，对应的人口数量就越多。以14亿人口来说，1个百分点就意味着1400万人。1400万人由乡村人口转换为城镇人口，不是一件小事情。另一种可能是，我国的城镇化可能已经接近饱和，城市已经难以容纳更多的大量人口，工厂也难以接收更多的工人。除非是直接将乡村人口的户口类别改为城镇户口，否则难以大量地将乡村人口转换为城镇人口。

从上述数据可以看出，改革开放以来，我国的二元人口结构已经发生了根本性的变化。

二、三元劳动力市场

上述二元人口结构的分析框架，在以往几十年里是分析我国劳动力市场的主流框架，为了解我国的劳动力市场提供了巨大帮助。但是，近十几年来的情况已经逐渐发生改变，再采用上述二元框架，就很难解释我国现在的劳动力市场。

一方面，我国从2010年前后开始出现"民工荒"，这显然意味着劳动力供给短缺。另一方面，我国逐渐出现就业难。一个突出表现是一个工作岗位后面有大量的应聘者在等待，因此企业在岗职工不得不加班加点地工作，以保住现有的岗位，"996"等现象越来越常见。另一个突出表现是大学生就业越来越困难。这些是劳动力供给过剩的典型表现。

用上述二元框架，显然无法解释这种短缺与过剩并存的现象。本书认为，现在我国的劳动力市场不再是城镇劳动力、农村劳动力这样的二元结构，而是三元结构。在三元劳动力市场下，劳动力供给短缺与过剩并存。

这里所说的三元劳动力市场，是指将我国的劳动力市场划分为三个部分：农村劳动力市场、城市低端劳动力市场、城市普通劳动力市场。

1. 农村劳动力市场

2000年代以来，尽管我国多次发生"民工荒"，但是在农村基本上没有出现过劳动力短缺的现象。由于农村对劳动力的需求极低，因而农村劳动力一般是过剩的。农村对劳动力的需求极低，主要是由于两个原因：一是由于农田很少，人均农田更少。在有些地区，人均农田只有几分（一分地的面积大约相当于10米长×7米宽）。这么少的地，全家只需要一个人就可以耕种了。二是由于农业收入低，在很多地方，人们宁肯让地荒着，也不愿意耕种。

虽然我国各地农村劳动力普遍过剩，但是很多地区的农村人数却在明显减少，村镇小学撤销、合并的消息频频传来。那么，农村里的人都去哪儿了？去城市了。

这里特别值得注意的是：几十年来，我国的新增人口主要发生在农村户口家庭，而不是城市户口家庭。在这种情况下，就算农村家庭提高生育率，多生孩子，可是当孩子长大后，也将大量涌入城市，而不是留在农村。可以说，我国农村人口不断减少已经成为一种趋势。

2. 城市低端劳动力市场

城市低端劳动力市场是指城市收入低、社会地位低的劳动力市场。包括以制造业工人为代表的部分，以及其他部分，如城环工人、保姆等维持城市基本运转的部分。对此，后文将继续分析。

3. 城市普通劳动力市场

城市普通劳动力市场是指城市低端劳动力市场以外的城市劳动力市场。在这个市场，劳动力供给充裕，往往是劳动力过剩。如上所述，这个市场以大学生找工作难、"996"现象等为特征。

第二节 提高生育率与劳动力市场

2010年代中后期以来，在谈到我国人口与经济、外贸出口问题时，许多人都认为应该提高生育率。提高生育率可能的作用之一是增加劳动力供给，从而降低劳动力成本，这对于我国的外贸出口具有重要影响。可能的作

第五章　我国人口与外贸转型升级

用之二是提高全部人口中青壮年的比重，降低老龄化水平，这对于我国的外贸出口也有一定的影响。那么，提高生育率是不是解决我国经济、外贸出口问题的一副良方？本节从劳动力市场的角度进行分析。

一、"民工荒"不是劳动年龄人口减少造成的

首先考察我国是否由于劳动年龄人口减少而出现"民工荒"。表 5-2 各年的数据来自次年出版的《中国统计年鉴》。

表 5-2　我国按年龄统计的人口抽样数据

单位：人

项目	2011 年	2012 年	2013 年	2022 年
（抽样比 /%）	0.0850	0.0831	0.0822	0.1023
总计	1145209	1124661	1118433	1443996
0—4 岁	64830	63981	63490	62248
5—9 岁	61279	61309	62446	90793
10—14 岁	62481	59845	57562	91846
15—19 岁	80388	73914	68715	79560
20—24 岁	108567	101742	97406	73629
25—29 岁	89259	89936	93136	85040
30—34 岁	82148	83586	82677	116755
35—39 岁	96895	89054	84334	109832
40—44 岁	107391	107532	103771	98379
45—49 岁	100853	99312	98129	103955
50—54 岁	62204	61916	69533	127635
55—59 岁	71667	71403	70719	117482
60—64 岁	52708	55427	58256	71964
65—69 岁	36054	37579	39216	79964
70—74 岁	28826	28225	27905	58782
75—79 岁	21174	21250	21253	35928
80—84 岁	11964	12147	12769	22434
85—89 岁	4796	4780	5256	12542

数据来源：《中国统计年鉴》。

根据表 5-2 各年的抽查人数，除以对应年份的抽样比，得到该年各年

龄段的人数。2010年及之前的人口统计数据来自《中国卫生年鉴2013》表14-5。合并这两类数据，得到表5-3。

表5-3 我国按年龄统计的人口

单位：万人

项目	1990年	2000年	2010年	2011年	2012年	2013年	2022年
总计	114333	126743	133281	134730	135338	136062	141153
0—4岁	11644	6898	7553	7627	7699	7724	6085
5—9岁	9934	9015	7088	7209	7378	7597	8875
10—14岁	9723	12540	7491	7351	7202	7003	8978
15—19岁	12016	10303	9989	9457	8895	8359	7777
20—24岁	12576	9457	12741	12773	12243	11850	7197
25—29岁	10427	11760	10101	10501	10823	11330	8313
30—34岁	8388	12731	9714	9664	10058	10058	11413
35—39岁	8635	10915	11803	11399	10716	10260	10736
40—44岁	6371	8124	12475	12634	12940	12624	9617
45—49岁	4909	8552	10559	11865	11951	11938	10162
50—54岁	4562	6330	7875	7318	7451	8459	12477
55—59岁	4171	4637	8131	8431	8592	8603	11484
60—64岁	3397	4170	5867	6201	6670	7087	7035
65—69岁	2633	3478	4111	4242	4522	4771	7817
70—74岁	1805	2557	3297	3391	3397	3395	5746
75—79岁	1093	1593	2385	2491	2557	2586	3512
80—84岁	535	799	1337	1408	1462	1553	2193
85—89岁	191	303	563	564	575	639	1226

数据来源：根据表5-2数据及《中国卫生年鉴2013》得到。

《中国统计年鉴》在进行大的年龄段分组时，划分为三组：0—14岁、15—64岁、65岁及以上。相应地，以0—14岁人口计算少儿抚养比，以65岁及以上人口计算老年抚养比。这是把15—64岁人口作为劳动年龄人口。我国人口年龄结构如表5-4所示。

表 5-4 我国人口年龄结构

年份	年末总人口/万人	0—14岁人口/万人	0—14岁人口占总人口的比重/%	15—64岁人口/万人	15—64岁人口占总人口的比重/%	65岁及以上人口/万人	65岁及以上人口占总人口的比重/%
1982	101654	34146	33.6	62517	61.5	4991	4.9
1987	109300	31347	28.7	71985	65.9	5968	5.4
1990	114333	31659	27.7	76306	66.7	6368	5.6
1991	115823	32095	27.7	76791	66.3	6938	6.0
1992	117171	32339	27.6	77614	66.2	7218	6.2
1993	118517	32177	27.2	79051	66.7	7289	6.2
1994	119850	32360	27.0	79868	66.6	7622	6.4
1995	121121	32218	26.6	81393	67.2	7510	6.2
1996	122389	32311	26.4	82245	67.2	7833	6.4
1997	123626	32093	26.0	83448	67.5	8085	6.5
1998	124761	32064	25.7	84338	67.6	8359	6.7
1999	125786	31950	25.4	85157	67.7	8679	6.9
2000	126743	29012	22.9	88910	70.1	8821	7.0
2001	127627	28716	22.5	89849	70.4	9062	7.1
2002	128453	28774	22.4	90302	70.3	9377	7.3
2003	129227	28559	22.1	90976	70.4	9692	7.5
2004	129988	27947	21.5	92184	70.9	9857	7.6
2005	130756	26504	20.3	94197	72.0	10055	7.7
2006	131448	25961	19.8	95068	72.3	10419	7.9
2007	132129	25660	19.4	95833	72.5	10636	8.1
2008	132802	25166	19.0	96680	72.7	10956	8.3
2009	133450	24659	18.5	97484	73.0	11307	8.5
2010	134091	22259	16.6	99938	74.5	11894	8.9
2011	134916	22261	16.5	100378	74.4	12277	9.1
2012	135922	22427	16.5	100718	74.1	12777	9.4
2013	136726	22423	16.4	101041	73.9	13262	9.7
2014	137646	22712	16.5	101032	73.4	13902	10.1
2015	138326	22824	16.5	100978	73.0	14524	10.5

续表

年份	年末总人口/万人	0—14岁人口/万人	0—14岁人口占总人口的比重/%	15—64岁人口/万人	15—64岁人口占总人口的比重/%	65岁及以上人口/万人	65岁及以上人口占总人口的比重/%
2016	139232	23252	16.7	100943	72.5	15037	10.8
2017	140011	23522	16.8	100528	71.8	15961	11.4
2018	140541	23751	16.9	100065	71.2	16724	11.9
2019	141008	23689	16.8	99552	70.6	17767	12.6
2020	141212	25277	17.9	96871	68.6	19064	13.5
2021	141260	24678	17.5	96526	68.3	20056	14.2
2022	141175	23908	16.9	96289	68.2	20978	14.9

数据来源：《中国统计年鉴2023》。

从表5-4可以看到，1980年代以来，我国的15—64岁人口是不断增加的。1990年以来，更是每年都比前一年增加，在2011年达到了前所未有的10亿人。此后，在2013年达到峰值10.1041亿人，形成了中华民族历史上从未有过的高峰。其后，虽然有所下降，但一直到2018年，劳动年龄人口一直保持在10亿人以上，高于2010年及之前的所有年份。

将表5-4中历年15—64岁劳动年龄人口的数量绘制成图，可以看到直观的结果，如图5-2所示。

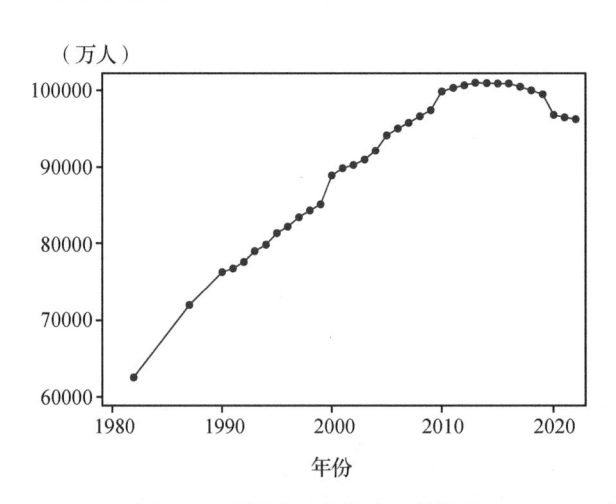

图5-2 我国劳动年龄人口的数量

也就是说，当我国出现"民工荒"的时候，正是我国劳动年龄人口不断增加、达到历史高峰的时期。因此，我国的"民工荒"肯定不是由于劳动年龄人口减少而导致的。

二、"民工荒"不是老龄化造成的

既然"民工荒"不是由劳动年龄人口的总量减少而造成的，那么会不会是由总人口的年龄结构造成的？很多研究从老龄化的角度进行探索，其中常见的一种观点是：虽然劳动年龄人口总量增加了，达到历史上前所未有的高峰，但是老龄人口也随之增加了，从而劳动年龄人口就要增加对老年人的抚养，因此可用于劳动的人口就少了。

对于老龄化社会的定义，常见的有两种。较早时是以60岁划界：当60岁及以上年龄人口占总人口的比重超过10%，即为老龄化社会。后来增加了以65岁划界的标准：当65岁及以上年龄人口占总人口的比重超过7%，即为老龄化社会。

按照以65岁划界的方法，在2000年我国65岁及以上年龄人口占总人口的比重达到7%，从而进入老龄化社会，并且这个老龄人口比重在其后的20多年里不断增加。

按照这种思路，我国早在2000年就进入老龄化社会，因而在大约10年后出现劳动力短缺现象就不足为奇了。

但是，这种思路存在一个致命的缺陷：它的隐含假定是不同年龄段的社会生育率是基本平稳的，而我国不符合这个隐含假定。我国不同年龄段的社会生育率不仅不是平稳的，甚至可能相差几倍，这是极大的差异。在老一辈的时代，多数家庭生育四五个孩子，一个家庭生育七八个孩子是很常见的，少数家庭可能一对父母生育十个或更多个孩子。而在年轻一辈的时代，在城市里基本上一个家庭只生育一个孩子，在农村里绝大多数家庭生育一到三个孩子，生育四个或更多个孩子的家庭是极少的。

这样，我们在看到65岁及以上的老年人占总人口的比重不断增加的同时，也可以看到0—14岁的少儿占总人口的比重在不断下降。因此，劳动年龄人口中用于抚养老年人的人口在增加的同时，用于抚养少儿的人口减少了。

从我国的平均情况来看，抚养一个孩子，从出生到 14 岁，所花费的时间、精力、金钱，可能要多于抚养一个老年人。因此，如果在增加一个老年人的同时，减少一个少儿，那么对于青壮年来说，是减少了负担，而不是增加了负担。

这样，在老龄化加重（这意味着老年抚养比提高）的同时，如果少儿抚养比降低（这意味着少儿减少），并且少儿抚养比降低的程度与老年抚养比提高的程度相同，那么抚养老年人、抚养少儿所占用的劳动年龄人口，从总体上看是减少了，而不是增加了。

如果一方面是老龄化加重（老年抚养比提高），另一方面是中青年占总人口的比重增加，那么说明少儿减少比老年人增加的速度更快。在这种情况下，从社会的总体看，抚养老年人、抚养少儿所占用的青壮年应该更少，而不是更多。我国从 2009 年起的几年的情况就是这样。

一方面，2000 年以来，我国的老年抚养比是不断增加的；另一方面，根据表 5-4，我国 15—64 岁劳动年龄人口占总人口的比重在增加，如图 5-3 所示。

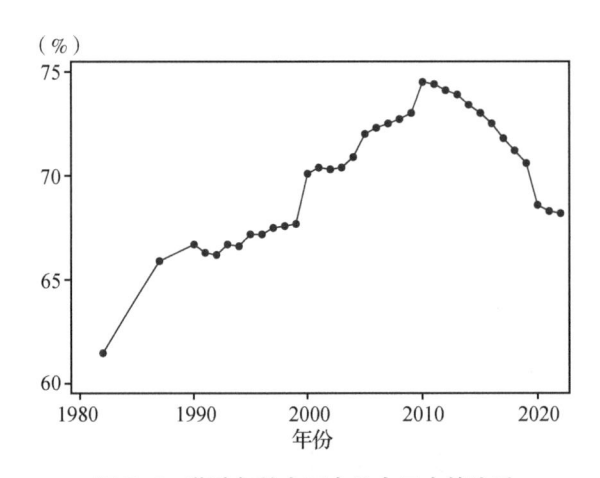

图 5-3 劳动年龄人口在总人口中的比重

上述 15—64 岁人口占总人口的比重在 2000 年越过以往几十年徘徊的 60% 区间，进入了 70% 这样的高峰区间，并且在这个高峰区间整整保持了

20年。其中在2010年、2011年、2012年达到巅峰值74%，而这几年正是"民工荒"最严重的时候。

从上面的分析可见，用老龄化加重来解释2010年前后的"民工荒"是错误的，因为这种解释忽略了影响力更大的同一时期少儿的减少。

三、是否应该重现"人口红利"

鉴于廉价劳动力在我国几十年经济发展中所发挥出的巨大效益，很多人梦想着再现当年的盛况，再次享受所谓的"人口红利"。那么，我国是否应该人为地努力重现当年的"人口红利"？

必须看到，所谓的"人口红利"，是以无数农民工的低廉工资、艰辛劳动来实现的，这是历史的遗留产物，是由于城乡差距而自然出现的，并不是人为有意识地促生的。

近年来陆续有一些专家提议人为降低企业员工的工资，以迫使员工为了挣钱养家糊口而更加努力地工作。这种试图人为重现当年的廉价劳动力大量供给的思路，不是科学的发展观。

四、放开生育限制是否能够提高生育率

为了重现"人口红利"，很多人从另一个角度提出建议：提高生育率。希望以此增加劳动年龄人口，从而使得劳动力因量多而价廉。

提高生育率的提议，针对的是我国从1980年代开始实行的计划生育政策。在对计划生育政策的诸多批评中，一个著名的批评是计划生育政策将带来可怕的"四二一"家庭结构：一个独生子女，上面是他（她）的父母；他（她）的父母本身也是独生子女，上面是爷爷、奶奶、姥姥、姥爷。每代人口锐减一半。

1. 双独政策杜绝了"四二一"家庭结构的出现

出现"四二一"家庭结构，需要两个前提：①从"四"到"二"的过程中，必须是一对夫妇只生育一个孩子（独生子女）；②在紧接着的下一代中，依然必须是独生子女，即从"二"到"一"，从而完成整个的"四二一"过程。

但是由于我国双独政策的存在，因而决定了中国的计划生育政策必然不会形成"四二一"家庭结构。所谓双独政策，是说一对夫妻如果双方都是独生子女，则他们可以生育两胎。在上述从"二"到"一"的过程中，因为双方之前是"四二"的结果，双方都是独生子女，所以他们可以生育两个子女。这就意味着，三代人的家庭结构不是"四二一"，而是"四二二"。

也许有人说，如果从"二"到"一"的过程中，年轻夫妻中有一方不是独生子女，那么他们不还是只能生育一个子女？但是，如果是这样，那么前面就不是"四二"了，而是"四三"或更多。

可以看出，由于双独政策的存在，注定了我国不存在"四二一"这样的家庭结构。

2. 我国很早就普遍施行双独政策

实际上，早在20世纪后期，中国绝大多数省份就已制定和实施了双独政策，只有个别省份没有这样做。进入21世纪后，2002年湖北、甘肃、内蒙古实行了双独政策，2011年人口大省河南实施了双独政策。至此，我国所有的省、自治区、直辖市都制定和实行了双独政策。

第一代独生子女是在1983年或更晚出生，那么在2002年时，他们只有19岁或更小，这个时候实行双独政策，对于他们生二孩没有丝毫影响。

如果说计划生育政策对双独夫妻生二孩有影响，那这个影响仅限于河南一个省，并且只限于河南的少数家庭。因为在2011年河南制定和实施双独政策时，最早的独生子女（生于1983年）只有28岁，28岁生第二个孩子，并不算很晚。因此，独生子女政策对于他们来说也不过是延缓了几年生第二个孩子。如果第一代独生子女是在1984年或以后出生，那么影响就更小了。

3. 从事实看，我国几乎没有实行过完全的独生子女政策

更进一步说，我国在事实上不仅没有"四二一"结构，甚至没有"四二"结构。这是因为，中国的独生子女政策存在几个很大的缺口（不考虑上述的双独政策）。

（1）对少数民族的特殊照顾。很多地区的少数民族夫妻不仅可以合法地

生二孩，甚至可能合法地生三孩。

（2）对农村家庭的制度倾斜。很多省份规定，对于农村家庭，如果头一胎是女孩，那么可以合法地生第二个孩子。

（3）对农村家庭事实上的照顾。在很多地区，对于城市职工超生一个孩子，处罚会极为严厉，但对于农村家庭，如果仅仅超生一个孩子，那么处罚往往很轻。例如在很多地区仅仅是罚款几千元至一万元，这只相当于外出打工几个月的收入。

（4）存在一些私下操作、弄虚作假的行为。例如著名的电视连续剧《我爱我家》中就出现了这样的场景。

4. 我国在双独政策的基础上实行了单独政策

在全国普遍实行双独政策之后，我国于2014年实行了单独政策。所谓单独政策，是指夫妻双方中只要有一方是独生子女，就可以生二孩。这比双独政策又大大地放松了一步。

5. 放开生育政策限制未必能提高生育率

由上可见，如果不考虑各家庭的自主选择，仅从国家生育政策的角度考虑，那么中国只是部分实现了"四二"。至于"四二一"，从政策层面上来说是根本不存在的。

换个角度说，从2010年代起，我国的生育在很大程度上是各家庭的自主选择，而不是出于国家计划生育政策的限制。因此，即使国家对各家庭生育二孩、三孩不再加以限制，从理论上说也不会出现井喷式的生育爆发。

在我国放开二孩、三孩的生育限制后，事实的发展与上述判断是相吻合的。我国于2016年1月实施全面二孩政策，2021年6月实施全面三孩政策，可是其后的人口出生率并没有显著上升。

五、提高生育率不一定能解决劳动力短缺问题

在农村劳动力市场、城市低端劳动力市场、城市普通劳动力市场这样的三元劳动力市场里，短缺与过剩并存。农村劳动力市场、城市普通劳动力市场，都是劳动力剩余。城市低端劳动力市场经过2010年前后的"民工荒"

以后，出现劳动力短缺，但是之后由于连续数年供不应求，所以工薪普遍上涨。由于工薪上涨，结果就业量有所下降。有些行业达到劳动力就业数量减少情况下的大体供需均衡，少数行业可能略微过剩。但是，该市场普遍存在着对于低薪劳动力的大量需求，很多难以满足，在这个意义上，该市场劳动力供给不足，是短缺的。

那么，怎么解释一方面我国的劳动年龄人口达到空前的高峰，另一方面却出现了劳动力短缺？

本书认为，随着我国改革开放的不断推进，尤其是随着我国加入WTO，我国人民的生活水平得到了普遍的、巨大的提升。在这种情况下，愿意再像以前那样做廉价农民工的劳动者大量减少了，这是最根本的原因。

其次，年轻一代的眼界高了，自我价值意识开始提高。这表现为有一些蓝领工作的工资并不低，甚至比一些白领工作的收入还高，但是青年人不愿意应聘，因为感到社会地位低。

与此相关的一个背景是，我国的城镇化步伐越来越快，大批农民进城工作，或身份转换为城镇居民，从而农民工的蓄水池由几乎无穷无尽而逐渐缩小、干涸。

在短期内，至少在十年内，我国的农村劳动力市场、城市普通劳动力市场都是过剩的。只有在城市低端劳动力市场，才存在劳动力短缺。从上面的分析中可以看出，这个市场的劳动力短缺并不是由于劳动年龄人口总量不足造成的，也不是由于人口年龄结构（老龄化）造成的。

在未来二十多年或更久，即使可以通过多生孩子增加劳动年龄人口的总量，但增加的劳动年龄人口中很少有人愿意进入城市低端劳动力市场。在这个市场上，从需求方来说，想要得到大量、廉价、吃苦耐劳的劳动力，从供给方来说，要求提高收入、得到企业和社会的尊重，双方的期望差距较大。如果双方都不降低期望，那么这个市场的劳动力就还是短缺的。

在上述情况下，多生孩子不一定能解决城市低端劳动力市场的短缺问题，却可能会加重农村劳动力市场、城市普通劳动力市场的过剩问题。也就是说，一个市场的问题没解决，反而可能加重了其余两个市场的问题。

第三节　人口与外贸转型升级

根据上面的分析，预计未来的若干年里，我国的生育率难以明显提高。即使生育率提高，也难以重现 1990 年代前后拥有大量廉价农民工的所谓"人口红利"。下文的分析都是建立在上述基础之上，也就是说，假定我国人口变化的趋势是减少而不是增加，假定低端劳动力处于短缺状态。

一、劳动密集型产品

2020 年 1 月 14 日，我国海关总署举办 2019 年全年进出口情况新闻发布会。该发布会数据显示：2019 年我国货物贸易出口 17.23 万亿元，以机电产品、劳动密集型产品为主。其中机电产品出口 10.06 万亿元，占全部货物出口的 58.4%。纺织等七大类劳动密集型产品出口 3.31 万亿元，占全部货物出口的 19.2%。机电产品加上劳动密集型产品，两者的出口占全部出口的近 80%。劳动密集型产品是我国货物出口的两大类别之一。

从最新的统计数据来看，情况类似。根据 2024 年 1 月 12 日海关总署新闻发布会上的数据，劳动密集型产品依然是我国货物出口的两个主要大类之一，2023 年出口 4.11 万亿元，占全部货物出口的 17.3%。

可以看出，劳动密集型产品在我国的货物出口中具有重要的地位。

如果低端劳动力短缺，那么将对劳动密集型产品的生产与出口产生什么影响呢？可能首先想到的就是劳动密集型产品的出口将减少。确实，我国一些劳动密集型产品的利润已经非常微薄。如果劳动力再短缺，工人的工资再上涨，那么企业就没有净利润了。企业如果因此减产或倒闭，将削减我国的出口。但情况并不仅仅如此，下面进行一些分析。

1. 劳动密集型产品的划分

对于哪些产品是劳动密集型产品，国际上并没有统一的规定。世界上对于国际贸易最有影响的产品分类标准有两个：国际贸易分类标准（Standard International Trade Classification，SITC）、海关编码（International Convention for Harmonized Commodity Description and Coding System，HS），但是这两个分类标准并没有明确说明哪些是劳动密集型（或资本密集型，或其他类型）产品。从笔者所查阅到的资料看，没有哪个国际组织定义了劳动密集型产品，并被人们广泛接受。实际上，不同的使用者根据自己的需要进行划分，甚至可能在同一份资料中使用不同的划分方法。

（1）在百度百科中，关于"劳动密集型产品"介绍如下："联合国贸易与发展会议将'联合国国际贸易标准分类（SITC）'中第61章、65章、82-85章以及894章的工业制成品归入劳动密集型产品，主要包括纺织品、服装、鞋类、皮革制品、家具、玩具、箱包等轻工业品（UNCTAD，2002）。"

（2）在联合国贸易与发展会议（United Nations Conference on Trade and Development，UNCTAD）的《2002年贸易与发展报告》（Trade and Development Report，2002）中，有两处用编码对劳动密集型产品（labour-intensive products）进行了划分。第一次出现在第55-56页，将该报告的表3-1的产品划分为四类：

电子与电气产品（SITC 75，76，77）；

纺织品与劳动密集型产品（SITC 61，65，84）；

工业制成品（SITC 5，87）；

初级产品（包括丝绸、非酒精饮料、谷物）（SITC 261，111，048）。

（3）上述UNCTAD报告的第二次劳动密集型产品划分出现在该报告第69页的图3-4，把各种产品分为五类：初级产品、低技能与技术的制造品、中等技能与技术的制造品、高技能与技术的制造品、劳动密集与资源型产品。在这里，劳动密集型产品与资源型产品是合并在一起的，包括七类：衣物、木与纸、皮革、玩具与体育用品、纺织品、非金属矿产品、鞋类。

首先可以看到，在该报告里没有对于劳动密集型产品的专门分类。其次可以看到，在该报告里劳动密集型产品先是与纺织品合在一起，作为四大类产品之一，然后是与资源型产品合在一起，作为五大类产品之一。进一步考察可以发现，两者对于劳动密集型产品的定义不可能一致。例如纺织品，在前一种分类里，是与劳动密集型产品并列的，而在后一种分类里，显然不属于资源型产品，从而只能属于劳动密集型产品。这样，前后两种定义就不一致了。

（4）我国海关将纺织纱线织物及制品、服装及衣着附件、家具及其零件、箱包及类似容器、鞋类、塑料制品、玩具这七类产品，称为"传统劳动密集型产品"。这种定义，与前述三种劳动密集型产品的定义都不相同。

（5）在我国的各类研究中，还存在着其他一些不同的对于劳动密集型产品的定义，这里不再罗列。

2. 劳动密集型产品并不一定意味着落后

对于劳动密集型产品，可能需要注意两点：第一，它是一个粗略的相对概念，没有客观性的绝对标准，这一点从前面纷乱的分类方法中可见一斑。第二，劳动密集型产品与劳动密集型产品行业有很大的不同。一个行业被划分为劳动密集型产品行业，并不意味着该行业的产品的生产只有落后技术，更不意味着这类产品属于将来被淘汰的产品。

以鞋类为例。在各种划分方法中，鞋类一般都被划分为劳动密集型产品，那么，对于国际贸易的出口而言，鞋类的生产是否就一定只使用落后的技术，鞋类生产行业将来是否会被淘汰？

（1）显然，不管到什么时候，鞋类都是人类的必需品。而且，不论是在国内还是国外，鞋类生产都有巨大的市场。因此，作为劳动密集型产品行业的鞋类行业，其许多具体的产品、企业可能被淘汰，但是鞋类行业作为一个整体，却是永远不会被淘汰的。

（2）鞋类生产包括诸多环节、诸多方面，有些属于劳动密集型的，但并不都是如此。比如造型设计、功能设计、鞋底鞋面的各种材料的研发、品牌营销，这些都不是劳动密集型的，而是需要许多技术，还可能需要很多研发资金。在一些运动鞋、户外鞋的生产过程中，可能运用了大量的技术、专利，甚至高新技术，例如纳米科技。这些不同的生产部门、设计与研发部门，可能分布在不同的国家。对于某些国家来说，可能进行技术含量非常低的加工、装配，对于另外一些国家来说，可能参与的是中高技术的研发、设计。在产品销售后分配利润时，那些中高技术环节可能分得较高的利润，而那些技术含量很低的环节，分得的利润可能就非常低了。很多人都知道我国进行一些国际著名品牌鞋的加工生产，一双鞋的利润可能有几百元人民币，尽管中国加工企业承担了最辛苦的生产环节，但是从一双鞋的利润里仅能得到二三十元甚至更少。对此，我国希望从总利润中多获得一些。但是仅仅希望是不行的，只要关键技术、品牌等核心能力掌握在外商手里，那么除非放弃合作，否则我们就只有接受。对于这种情况，我国多年前就提出要掌握关键技术，提高生产的附加值，提升在全球价值链中的地位。经过多年的努力，已经取得了一些成果，例如我国已经出现了一些有影响力的鞋类品牌。但是总的来说，这些鞋类品牌多属于中低端，缺乏耐克、阿迪达斯这样的顶级品牌。之所以缺乏顶级品牌，一个主要原因是缺乏顶级的研发能力、生产技术。

从上述意义上说，对于劳动密集型产品的生产行业来说，在很多情况下可能不仅不应该缩减、淘汰，相反，可能还要加强研发、扩大投入。

3. 在未来的一段时期内，我国的劳动密集型产品还将大量出口

（1）现在绝大多数的相关研究都认为我国出现了低端劳动力短缺的问题。对此，很多研究认为可以利用劳动力的短缺，倒逼企业转型升级到生产非劳动密集型产品。对此需要注意：倒逼，并不一定成功。有一部分企业将在压力下成功转型，但肯定也会有一些企业没有成功转型，那么面临的可能就是倒闭。如果倒闭的企业较少，社会可以给予一定的帮助。但是如果倒闭的企业很多，那么社会可能就无力救援与帮助。因此，不能期望倒逼大量劳动密集型企业转型生产非劳动密集型产品。

（2）在我国出现低端劳动力短缺的同时，还存在着大量的低端劳动力。之所以出现低端劳动力短缺，是因为低端劳动力中有很多人不愿意进入低端劳动力市场，或者说不愿接受市场的低廉工资，从而存在大量闲置的低端劳动力。如果我国大量放弃劳动密集型产品的生产，那么就会有很多低端劳动力被挤出就业市场，进一步扩大闲置低端劳动力的规模，从而有可能形成严重的社会问题。

4. 低端劳动力的管理

在我国低端劳动力出现短缺的情况下，更要注意低端劳动力的管理，这对于劳动密集型产品的生产与出口非常重要。现在同时存在两方面的问题。一方面，在政府应严格、大力管理的地方，政府执行的力度不够，其中的一

个突出问题是员工欠薪问题。在目前低端劳动力已经短缺的情况下,大范围、长期的欠薪显然会打击劳动者的求职意愿、工作积极性。另一方面,在企业、员工双方自愿的基础上,应允许企业拥有一些用工自主权,而不是做过多的强制规定。例如,对于员工最低工资、企业辞退员工的规定,要适合中国国情,而不能照搬照抄国外的规定。

二、老龄化

1. 我国老龄化的发展与国际比较

按照 65 岁及以上人口占总人口的比重达到 7% 就进入老龄化社会的标准,我国从 2000 年起进入了老龄化社会,并从那时起老龄化日趋严重。将表 5-4 的数据绘制成图,如图 5-4 所示。

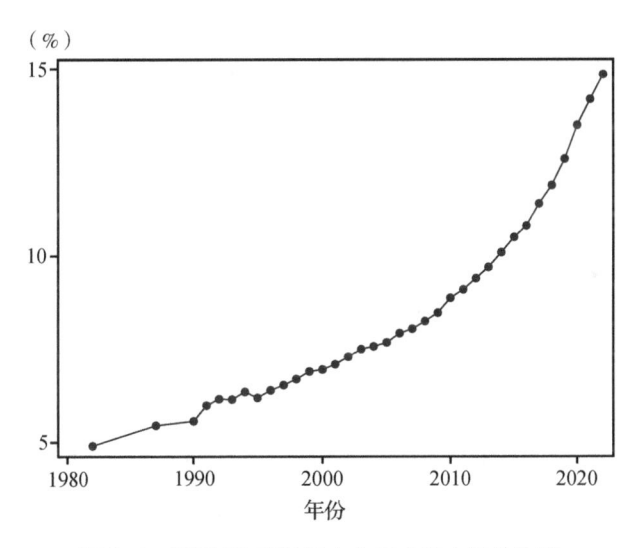

图 5-4 我国 65 岁及以上人口占总人口的比重

从图 5-4 可以看到,40 多年来我国的老龄化水平几乎是不断上升的,尤其是进入 21 世纪以来,上升得越来越快。到 2022 年时,我国 65 岁及以上人口占总人口的比重已经高达 14.9%,是分界线 7% 的 2 倍还多。

但是与发达国家、欧美国家相比,我国的老龄化水平还是偏低的,发达国家、欧美国家的老龄化水平普遍高于我国。表 5-5 是部分国家 65 岁及以上人口占总人口的比重。

表 5-5 部分国家 65 岁及以上人口占比

单位：%

国家	美国	日本	德国	英国	法国	意大利
占比	17	25	22	19	21	24
国家	加拿大	俄罗斯	澳大利亚	波兰	匈牙利	罗马尼亚
占比	19	17	17	20	21	20
国家	印度	泰国	韩国	新加坡	埃及	巴西
占比	7	14	17	15	6	8
国家	菲律宾	巴基斯坦	孟加拉国	伊朗	印度尼西亚	马来西亚
占比	6	5	6	7	7	8

数据来源：《中国人口和就业统计年鉴 2023》。

一般来说，欧美国家、发达国家的老龄化水平较高，亚洲国家、发展中国家的老龄化水平低一些。作为亚洲国家、发展中国家，我国的老龄化水平是比较高的，但我国低于欧美国家、发达国家。

2. 老龄化对出口的不利影响

老龄化的第一层含义，也是其基本含义，是老年人越来越多，在全部人口中老年人占的比重较高。此外可能还有第二层含义，即老年人增加，中青年人减少。从前面的分析中可以看到，老龄化并不必然意味着中青年人减少，也就是说，上述第二层含义有可能是错误的。我国从 2000 年到 2013 年就是这样：在这十多年里，我国的 65 岁及以上人口在不断增加，其占全部人口的比重也在不断增加，但与此同时，我国的 15—64 岁人口也在不断增加，并且 15—64 岁人口占全部人口的比重也几乎一直在增加。我国以往对于老龄化的研究，大多数有意无意地忽视了考察上述第二层含义是否正确，默认这一含义是正确的。这一默认假定在 2019 年及以后是比较合理的，但遗憾的是，很多研究是在 2019 年之前完成的，或者采用的是 2019 年之前的数据，这就出现了一些错误甚至是荒唐的结论。例如 2019 年某 SSCI 期刊发表的一篇论文经过研究得出结论：我国的老龄化促进了我国的外贸出口。这个结论显然是荒唐的。真正促进出口的，不是日益深化的老龄化，而是在那些年伴随老龄化深化的中青年在人口数量、占总人口比重两方面的增长。下文考察的是 2024 年以后的发展，上述两层含义都可以采用。

老年人增加，意味着他们从劳动市场退出，社会的劳动力减少了。即使有少数的老年人还愿意从事一定的劳动，但毕竟是少数，而且劳动能力一般也不如以前。不仅如此，老年人增加还意味着社会需要增加抚养照顾老年人的中青年，从而减少用于生产的中青年劳动力。更重要的是，上一小节的劳动密集型产品的生产，对应的主要是低端劳动力，而老年人增加后退出市场的劳动力包括了各种类型的劳动力，其中包括各种高级技工、高级研发人员、企业家等高层管理人员。这些中高级人才的退休，对各类产品的生产、出口往往是一种损失。

3. 老龄化对出口可能的有利影响

老龄化也有可能对生产与出口产生有利的影响。

其一，前面说过倒逼机制，如果企业能够在劳动力压力面前成功地进行技术等方面的转型升级，那么企业将增加利润，扩大出口。但是如前所说，这不容易实现，只有一部分企业可以成功实现，并且需要一个时间过程。

其二，国外由于早已进入老龄化社会，因此在照顾护理老年人方面比较有经验，尤其是拥有多种多样先进、适用的照顾护理老年人的产品。当我国老年人越来越多后，对国外照顾护理老年人的产品的需求将越来越大。按照我国以往的引进模式，极可能从少量从国外购买，逐步走向大批量国产的道路。当生产规模越来越大后，可能将反向出口到国外。

4. 展望

从十年以内这样的短期看，老龄化对于出口是不利的。从几十年、上百年这样的中长期看，老龄化对于出口的影响不确定，是由多种因素综合决定的，例如产业转型升级的程度与速度、老龄化的程度与速度。

第六章　政府推动外贸转型升级

在外贸的转型升级中，政府可以起到非常大的作用。在很多情况下，政府的相关政策决定了外贸能走到哪一步。本章选取两个角度考察政府对外贸转型升级的影响：数字贸易、自由贸易试验区。

第一节　数字贸易

一、数字贸易的发展

关于什么是数字贸易，众说纷纭。一二十年前人们谈论的主要是电子商务，包括较早时期的建立网站以宣传产品，以及后来的网上支付等内容。这时销售的产品主要还是实物。后来各种线上服务贸易被视为数字贸易。近几年对数字贸易主要有两种定义。

一种代表性定义来自2020年10月国家工业信息安全发展研究中心发布的《2020年我国数字贸易发展报告》："数字贸易是以数字技术为内在驱动力，以信息通信网络为主要交付形式，以服务和数据为主要标的的跨境交易活动，不仅包括传统服务贸易的数字化转型，而且涵盖了数字技术催生的新模式新业态。"这种定义实际上将实物交易排除在外，因为实物无法通过信息通信网络进行交付。这种定义下的数字贸易，大致相当于许多人所说的数字服务贸易。

另一种代表性定义来自2023年国际货币基金组织（IMF）、经济合作与发展组织（OECD）、联合国贸易与发展委员会（UNCTAD）、世界贸易组织（WTO）联合发布的《数字贸易测度手册》（Handbook on Measuring Digital Trade）（第二版）。该《手册》第一版于2019年由上述四个国际组织中的

第六章 政府推动外贸转型升级

OECD、WTO、IMF 联合发布，前后两版对数字贸易的定义基本一致。按照该《手册》，"数字贸易是所有数字订购以及/或数字交付的国际贸易"。其中数字订购贸易的定义是"通过电脑网络，采用专用的接收或处置订单的方式，跨国销售或购买商品或劳务"。该《手册》在上述定义后面加了一句话："从而，数字订购贸易是跨国电子商务的同义词"。对于数字交付贸易，该《手册》将其定义为"所有通过电脑网络远程交付的跨国贸易"。在这句话后面，该《手册》加了一句话："本《手册》认为，只有服务才可以数字交付"。

我国国家工业信息安全发展研究中心对于数字贸易的定义，基本相当于上述《手册》定义的数字贸易的两个组成部分中的数字交付贸易。本书采用上述《手册》的定义，这个定义也与中国信息通信研究院 2019 年 12 月发布的《数字贸易发展与影响白皮书（2019 年）》中的定义基本一致。

近些年，在全球、在我国，数字技术越来越广泛、越来越深入地影响包括对外贸易在内的经济的方方面面。例如，作为外贸企业，需要了解国内外相关产品的性能、质量、价格，让国外的潜在客户了解本企业的产品，与国外客户谈判、办理各种手续，以及完成其他各种交易工作。对于较大的外贸企业来说，可以划拨资金，设置不同的专业部门来完成这些工作。但是对于中小微企业来说，很可能没有那么多的资金，无力设置那么多的部门。如果没有数字技术的帮助，例如建立网站展示企业产品、线上谈判与签订合同，那么中小微企业参与国际贸易就比较困难。

衡量数字贸易有许多指标和方法，其中对于电子商务，比较有影响的是联合国贸易与发展委员会（UNCTAD）发布的电子商务指数（UNCTAD B2C E-commerce Index）。一个国家或地区的居民进行网络购物的程度越深，该国家或地区的电子商务指数值就越高。2021 年发布的该指数涵盖了 152 个国家或地区，前 60 名如表 6-1 所示。

美国和中国是世界上最大的 B2C 市场，但是上述指数的位次只居 12 名、55 名，UNCTAD 对此进行了解释。这是因为该指数是由几个指标综合评定的，而市场规模不是决定指数值高低的唯一指标。中国、美国在决定指数值的其他一些指标上有所落后，例如从网络渗透指标看，美国在世界前 10 名以外，中国位列世界第 87 名。

表 6-1　电子商务指数

位次	国家（地区）	位次	国家（地区）
1	瑞士	31	匈牙利
2	荷兰	32	冰岛
3	丹麦	33	希腊
4	新加坡	34	斯洛文尼亚
5	英国	35	白俄罗斯
6	德国	36	卢森堡
7	芬兰	37	阿联酋
8	爱尔兰	38	塞浦路斯
9	挪威	39	拉脱维亚
10	中国香港	40	葡萄牙
11	新西兰	41	俄罗斯
12	美国	42	泰国
13	加拿大	43	塞尔维亚
14	爱沙尼亚	44	伊朗
15	瑞典	45	罗马尼亚
16	澳大利亚	46	保加利亚
17	法国	47	格鲁吉亚
18	韩国	48	马耳他
19	奥地利	49	沙特阿拉伯
20	日本	50	卡塔尔
21	比利时	51	乌克兰
22	捷克	52	北马其顿
23	斯洛伐克	53	萨尔瓦多
24	西班牙	54	阿曼
25	克罗地亚	55	中国
26	以色列	56	哥斯达黎加
27	立陶宛	57	土耳其
28	波兰	58	科威特
29	意大利	59	智利
30	马来西亚	60	哈萨克斯坦

数据来源：UNCTAD（2021）。

第六章 政府推动外贸转型升级

从表 6-1 可以看到，欧美国家的电子商务指数往往高于我国。一些比较小的国家，或经济发展水平并不算很高的国家，如爱沙尼亚（第 14 名）、塞浦路斯（第 38 名）、格鲁吉亚（第 47 名），它们的电子商务指数都高于我国。

我国在电子支付、电子游戏、电子社交等领域已经走在了世界前列，但是我国在服务贸易领域，总体来说还比较弱。我国的京东、淘宝等电子销售平台也是世界领先，但是这些电子销售平台的业务主要是在国内，国际销售很少。从跨国数字贸易来看，我国还有很大的提升空间。

二、政府对数字贸易的扶持

数字贸易的发展有赖于企业、消费者、政府各方的共同努力，这里仅从政府的角度进行分析。

1. 积极参与数字贸易的国际规则的制定

要想进行国际贸易，就必须遵循一定的国际规则。世界上有影响的国家和地区都在提出对自己有利的数字贸易规则，其中美国、欧盟、日本、新加坡、中国等国家和地区比较有代表性。

董小君和郭晓婧（2021）对美国的基本立场进行了总结。美国主导的《美国-墨西哥-加拿大三国协议》（USMCA，以下简称《三国协议》）专门设立了《数字贸易》一章，这是目前针对数字贸易制定的标准最高、效力最强的规则。该《数字贸易》一章主要是为了实现"对本国数字知识产权的保护"及"获取他国数据自由"。美国认为"源代码"是重要的知识产权，因此《三国协议》针对源代码的披露较为严格，规定"任何一方不得要求转让或访问另一方人员拥有的软件源代码或源代码中表达的算法"。美国禁止以披露源代码作为市场准入的条件，这也是中美在数字贸易谈判中的分歧之一。为实现"跨境数据自由流动"，《三国协议》规定"交互式计算机服务提供者及使用者对第三方非知识产权侵权行为免责"，为美国互联网平台服务的对外安全输出提供了法律保障。同时，规定"数据存储非强制本地化"以及"任何一方不得禁止或限制通过电子方式进行信息（包括个人信息）的跨境转移"，进一步保证"数据传输自由"。可以看出，美国立场的最核心内容是数据自由跨境流动，其次是保护知识产权。

蓝庆新和窦凯（2019）对美国、欧盟、日本、中国的立场进行了概括和对比。美国、日本在数字贸易规则上基本没有立场冲突，美国、欧盟在个人数据隐私保护程度和方式上存在分歧。美国、欧盟、日本均主张开放全球市场、推行跨境数据自由流动，以及反对强制技术转让。中国侧重于跨境电子商务，注重对国家安全以及消费者权利的保护，在跨境数据流动上有严格的限制，并且提出了数据本土化的要求。

总体来看，美国、欧盟、日本的基本立场较为接近，并且相互之间交流密切。中国与美欧日的立场差距较大。此外，新加坡与智利、新西兰于 2020 年签订了《数字经济伙伴关系协定》（以下简称《协定》），该《协定》的立场介于美欧日、中国之间。2021 年中国申请加入该《协定》，2024 年 5 月举行了中国申请加入该《协定》的第五次谈判。

数字贸易的国际规则的制定，对于国际数字贸易极为重要。这几年数字贸易的国际规则正在制定过程之中，在规则制定完成后，如果哪个国家不能进入规则圈，那么预计将与规则圈中的国家渐行渐远，逐渐形成数字鸿沟。我国应积极参与国际规则的制定，加入对我国数字贸易有利的规则圈。

2. 合理制定数字贸易的法律法规

进行数字贸易，除了要参与制定国际规则外，还需制定本国的相关法律法规。关于各国数字贸易法律法规的对比，数字服务贸易限制指数（Digital Services Trade Restrictiveness Index，DSTRI）可能是最有影响的。该指数是 OECD 继 STRI 指数后针对数字服务贸易制定的。表 6-2 是较有代表性的 29 个国家两年的数据，一个年份是该指数发布早期的 2014 年，另一个年份是含最新数据的 2020 年。

表 6-2　数字服务贸易限制指数

国家	2014 年	2020 年	差值
澳大利亚	0.061	0.061	0.000
奥地利	0.083	0.202	0.119
比利时	0.140	0.162	0.022
加拿大	0.021	0.000	−0.021

续表

国家	2014 年	2020 年	差值
丹麦	0.122	0.104	−0.018
法国	0.101	0.123	0.022
德国	0.122	0.144	0.022
希腊	0.162	0.184	0.022
匈牙利	0.144	0.166	0.022
爱尔兰	0.122	0.144	0.022
以色列	0.180	0.180	0.000
意大利	0.104	0.126	0.022
日本	0.043	0.082	0.039
韩国	0.199	0.203	0.004
墨西哥	0.278	0.079	−0.199
荷兰	0.082	0.104	0.022
新西兰	0.140	0.140	0.000
波兰	0.162	0.303	0.141
西班牙	0.101	0.123	0.022
土耳其	0.061	0.264	0.203
英国	0.061	0.061	0.000
美国	0.061	0.061	0.000
阿根廷	0.361	0.340	−0.021
巴西	0.205	0.223	0.018
印度	0.239	0.362	0.123
印度尼西亚	0.307	0.307	0.000
俄罗斯	0.281	0.381	0.100
泰国	0.141	0.141	0.000
中国	0.184	0.308	0.124
均值	0.146	0.170	0.025

数据来源：OECD。

表 6-2 最下面一行的均值，是不含中国的其余 28 国的均值。首先考察 2014 年。澳大利亚、奥地利、加拿大、日本、荷兰、土耳其、英国、美国

的指数值都小于0.1，这些国家是对数字服务贸易限制最少的国家。法国、意大利、西班牙的指数值虽然高于0.1，但只是略高于0.1，它们也是对数字服务贸易限制较少的国家。

指数值高于0.2的有墨西哥（0.278）、阿根廷（0.361）、巴西（0.205）、印度（0.239）、印度尼西亚（0.307）、俄罗斯（0.281）6个国家，它们是对数字服务贸易限制较多的国家。

表6-2的均值为0.146，中国的指数值为0.184，比均值高0.038。中国在29个国家中排在第22名，有7个国家的指数值高于中国。

到了2020年，28国的均值为0.170，比2014年增加了0.024。中国的指数值为0.308，比2014年增加了0.124。中国的名次为26名，有3个国家的指数值高于中国。

从2014年到2020年，有4个国家的限制降低了，7个国家没有改变，11个国家有微小增加（指数值的增加值大于0，小于或等于0.022）。日本的增加值为0.039，达到0.082。有6个国家的指数增加值在0.1及以上：俄罗斯（0.100）、奥地利（0.119）、印度（0.123）、中国（0.124）、波兰（0.141）、土耳其（0.203）。

一个国家对于数字贸易的限制是由多方面因素决定的。中国可以参考其他国家的情况，制定合理的限制规定。

3. 建设完善各种监管与服务机构

数字贸易的顺利发展，离不开各种监管与服务机构。有些机构可能需由政府设立，并由政府负责日常运行。有些机构可能由政府帮助设立，由机构自己运行，但政府需对机构的运行进行监督。即使有的机构完全由行业协会等组织自主设立，独立运行，政府也需对机构的运行进行监督。常见的一些机构如下。

（1）跨国仲裁机构。对于跨国的数字贸易来说，很可能发生各种纠纷，这时就需要仲裁机构进行仲裁，严重的可能就需要到法院起诉了。

（2）商家、客户信用评估机构。消费者购买商品或服务，需要了解商家的信用。企业与企业之间进行交易，更需要了解对方的信用。这就需要对商家、客户进行信用评估。信用评估可能是比较专门、正式的，也可能只是消费者的好评、差评之类的评分。可能是一般性、综合性的评估，也可能是针对某一类或某几类行为的评估，例如借款是否有违约行为。

（3）其他监管与服务机构。例如原产地标签、生态环保标签，都应该由政府认可的机构发放，而不能由私人自由成立的一家小公司随意发放。

第二节 自由贸易试验区

在政府推动外贸转型升级中，设立自由贸易试验区（以下简称自贸试验区）是我国政府的一个重要措施。

一、自贸试验区的发展

2013 年 9 月，我国在上海设立了第一个自由贸易试验区。但是上海自贸试验区并不是在一个地域上，而是由四个相互分隔的地域组成：外高桥保税区、外高桥保税物流园区、洋山保税港区、上海浦东机场综合保税区。其中，外高桥保税区与外高桥保税物流园区相距较近，两者距离仅有 3 千米。距离最远的是洋山保税港区，地理位置已不在上海市，而是在浙江省舟山市嵊泗县。按照以后的说法，这四个地域是上海自贸试验区的四个片区（也称为园区）。这种做法在后续的自贸试验区设置中成为常见做法，即一个自贸试验区可能由几个片区组成，不同的片区可能位于不同的城市。

继上海自贸试验区之后，2015 年 4 月设立广东、天津、福建 3 个自贸试验区，2017 年 3 月设立辽宁、浙江、河南、湖北、重庆、四川、陕西 7 个自贸试验区，2018 年 10 月海南省全岛设为自贸试验区，2019 年 8 月设立山东、江苏、广西、河北、云南、黑龙江 6 个自贸试验区，2020 年 9 月新设北京、湖南、安徽 3 个自贸试验区，自此形成所谓"1+3+7+1+6+3"格局的 21 个自贸试验区。2023 年 11 月，第 22 个自贸试验区——新疆自贸试验区成立。在这些年，可能有的自贸试验区所包含的片区有所增加，例如上海自贸试验区于 2015 年、2019 年扩容，由初始的 4 个片区增加到 8 个片区。

前两批的 4 个自贸试验区上海、广东、天津、福建都位于东部沿海地区，第三批的 7 个自贸试验区辽宁、浙江、河南、湖北、重庆、四川、陕西，大部分不是东部沿海地区，也不是边境地区。后来设立的自贸试验区的地域不再局限于沿海地区、沿边地区，例如河北、湖南、安徽。

二、分析与展望

1. 自贸试验区的目标和任务

从自贸试验区的目标和任务看，早期是以对外自由贸易的试验为主，粗略来说是区内试验、区外推广。作为第一批试点的 2013 年上海自贸试验区，其总体方案中对于上海自贸试验区的目标和任务的要求，基本上限定于试验区内，而没有扩大到上海全域，更不涉及长三角地区的其他省市；基本上限定于对外贸易，而不是扩大到一般性的经济发展。

后来的自贸试验区的目标和任务逐步过渡到兼顾所在地区的经济发展，还可能有其他任务。例如，2019 年河北自贸试验区总体方案在自贸试验区的"战略定位及发展目标"里规定，"全面落实中央关于京津冀协同发展战略和高标准高质量建设雄安新区要求，积极承接北京非首都功能疏解和京津科技成果转化，着力建设国际商贸物流重要枢纽、新型工业化基地、全球创新高地和开放发展先行区"。从地域上看，明确将北京、天津、河北都包含在内。从功能上看，只有小部分是专注于对外贸易，更多的是关注京津冀的经济发展。而且，不仅是经济发展，还包括"承接北京非首都功能疏解"这样的非经济性任务。

那么，在自贸试验区承担试验区内的自由贸易试点任务和试验区外的其他经济性任务与非经济性任务的情况下，自贸试验区应该把注意力主要放在哪里？怎样兼顾多个任务？怎样对自贸试验区的发展进行考核与评估？以后怎样进一步发展自贸试验区？对于这些问题，没有统一的、明确的规定或说明。

就目前从公开途径查询到的学术期刊论文、报纸文章、图书、研究报告来看，不同的人对上述问题有不同的看法。例如，有学者认为现有的自贸试验区片区少、面积小，难以担负带动所在区域经济发展的重任，因此需要大规模扩大自贸试验区。而有些学者则认为全国建立了 20 多个自贸试验区、60 多个片区，这已经具有足够的代表性了，如果进一步大规模扩大自贸试验区，就失去自贸试验区的意义了。之所以存在这两种针锋相对的意见，就是因为不同的人对自贸试验区的目标和任务理解不同。从目前看，有必要进一步明确、细化自贸试验区的目标和任务。

2. 技术性与实质性改进

在 2013 年上海自贸试验区设立时，中央对自贸试验区的期望是"加快政府职能转变、积极探索管理模式创新、促进贸易和投资便利化"，这在很大程度上也是对后来的自贸试验区的期望。十年来，各自贸试验区在上述几个方面取得了很多成绩、做出了很大贡献，例如建立负面清单管理制度、对外商投资实行准入前国民待遇。我国对自贸试验区的归口管理部门是商务部，该部国际贸易经济合作研究院 2023 年发布的《中国自由贸易试验区十周年发展报告（2013—2023）》，对我国 2013 年以来各自贸试验区的制度创新成果进行了汇总，如表 6-3 所示。

表 6-3　自贸试验区十周年制度创新成果汇总

序号	制度创新成果复制推广路径	数量
1	投资自由化便利化	85
2	贸易便利化	76
3	金融开放创新	31
4	全过程监管	34
5	产业开放发展	34
6	要素资源保障	40
7	区域联动创新	2
	合计	302

数据来源：商务部国际贸易经济合作研究院《中国自由贸易试验区十周年发展报告（2013—2023）》第 83 页。

在取得很大成绩的同时，也存在不尽如人意之处，其中一个主要问题是上述表 6-3 的成果中有很大一部分属于程序性或技术性创新，例如应用电脑程序进行网上办理、信息互通共享、简化填表手续、缩短办事时间。

各自贸试验区成立以后，在政府职能转变、管理模式创新等方面做出的实质性改进相对较少。例如，自 2013 年设立自贸试验区以来，自贸试验区最著名、最重要的制度创新是建立负面清单管理制度、对外商投资实行准入前国民待遇，可是，这两项代表性的成果不是自贸试验区成立以后研究探索出来的，而是在自贸试验区成立以前就已经讨论研究决定了，在2013年9月中央批准上海自贸试验区成立时，已经写在了上海自贸试验区的总体方案里。又如，作为自贸试验区重要制度创新成果之一的"一线放开""二线安全高效管住"，也不是自贸试验区成立以后研究探索出来的，而是2013年9月已经写在了上海自贸试验区的总体方案里。

之所以缺乏重要的实质性创新，原因之一是在职权划分、政策配套等方面还有待改进。

3. 职权划分与政策配套

自贸试验区制度自出现以来一直存在着一个问题：职权的划分。自贸试验区不像省政府、市政府、县政府那样是一级政府，也不像国务院各部委那样有一整套法律法规来明确部门管理职权。自贸试验区的职权来自中央和地方政府的职权分割，但是自贸试验区与各级政府、部门之间的职权划分，没有一个全国统一的、清晰明确的规定。在某种意义上，可以说各自贸试验区是在各自探索。全毅和张婷玉（2021）将我国的自贸试验区归纳为三种管理模式：政府主导型、企业化治理型，以及"政府+企业"复合式。他们认为，"自贸试验区的机构设置和改革权限缺乏充分的法律授权，只是作为当地政府的派出机构，容易导致体制机制不顺、责任主体不明等问题"。

由于职权划分不清晰，自贸试验区在探索制度创新时面临一系列困难。首先，哪些制度创新是自贸试验区可以决定的？其次，这些制度是否能获得上级相关主管部门的支持？最后，一项制度的推行往往需要其他政策相配合，那么制定其他政策的部门是否愿意配合？作为自贸试验区，要想获取政府部门的各种同意与支持，可能需要花费很大的力气在政府部门之间进行各种协调。

4. 服务贸易

十多年前设立自贸试验区的一个主要目标是进行服务贸易的制度创新，但从自贸试验区的发展来看，这个目标实现得不够理想。时任国务院发展研究中心副主任隆国强在"2021北京国际CBD生态联盟高端发展对话"所做的主旨发言中讲到："当初设立上海自贸试验区，一个重要探索就是把服务业作为新一轮开放的重点……在疫情之前，2018年、2019年我国服务贸易逆差和出口总额接近，说明服务业国际竞争力不够。为什么？可以简单归结为两句话：一是对外开放不足。因为对外开放不足，我们不能有效地引进先进的服务业发展理念、业态、管理和国际竞争。二是对内管制过度。对内管制过度就抑制了创新，抑制了竞争，不利于服务业的创新发展。"

还有一些人有类似的看法。裴长洪（2023）认为，"相对于货物贸易，服务贸易部门开放的深度和广度仍然很不够"。他例举了各自贸试验区吸引境内外投资者在园区设立企业时普遍存在的"准入不准营"的现象：某个行业归属于某个行业主管部门管理，投资者在自贸试验区可以得到市场准入，但在行业主管部门的规制下，能得到的经营许可却很少，以至于投资者处于事实上无可经营的状态。

5. 展望与建议

与国际上那些成熟的自由贸易区相比，我国的自贸试验区在制定、修订、实施国际贸易规则上还处于试验、探索阶段，我国自贸试验区要想拥有国际上那些著名的自由贸易区对国际贸易的吸引力，还有较大的提升空间。

为了建成国际一流的自由贸易区，下面几点值得注意。首先，清晰明确地划分自贸试验区的权限，确定高效、先进的自贸试验区管理模式。其次，参考国际规则，在开放与限制之间进行适当的权衡，尤其是对于服务贸易，应在充分调查研究各国的限制规则的基础上，根据我国的情况做出合适的规定。最后，由于进行制度创新会遇到诸多困难，可能发生诸多风险，因此要创建一个合理的容错机制，建立一个可信的容错氛围。这种容错，既包括对自贸试验区的容错，也包括对相关领导的容错，还包括对相关研究人员、制度设计人员的容错，以实际行动鼓励制度创新。

参考文献

[1] 白光裕.中美贸易摩擦对两岸经贸关系的影响[J].国际贸易,2020(2):48-56.

[2] 白明,史凯赫.欧盟在中美贸易摩擦中的处境与抉择[J].国际贸易,2019(1):68-74.

[3] 毕晶.改革开放四十年中欧经贸关系回顾与思考[J].国际贸易,2018(10):15-21,28.

[4] 蔡昉."刘易斯转折点"近在眼前[J].中国社会保障,2007(5):24-26.

[5] 蔡昉.人口红利:认识中国经济增长的有益框架[J].经济研究,2022,57(10):4-9.

[6] 蔡昉,王美艳.农村劳动力剩余及其相关事实的重新考察——一个反设事实法的应用[J].中国农村经济,2007(10):4-12.

[7] 蔡宏波,韩金镕.人口老龄化与城市出口贸易转型[J].中国工业经济,2022(11):61-77.

[8] 曹海涛,陈克明.两岸芯片贸易:特征成因与政策意义[J].台湾研究,2023(6):35-47.

[9] 曹小衡.新时代两岸经济合作再上层楼的机遇与挑战[J].台海研究,2023(2):37-46.

[10] 陈凤兰,武力超,戴翔.制造业数字化转型与出口贸易优化[J].国际

贸易问题，2022（12）：70-89.

［11］陈继勇.中美贸易战的背景、原因、本质及中国对策［J］.武汉大学学报（哲学社会科学版），2018，71（5）：72-81.

［12］陈诗达.对"民工荒"现象的几点思考［J］.劳动保障通讯，2004（6）：41-42.

［13］陈彤，吴庆军.中印两国经贸发展比较及其互补关系研究［J］.亚太经济，2023（5）：90-97.

［14］程大中，虞丽，汪宁.服务业对外开放与自由化：基本趋势、国际比较与中国对策［J］.学术月刊，2019，51（11）：40-59.

［15］邓利娟，石正方.海峡两岸农产品贸易困局及其突破路径［J］.闽台关系研究，2024（2）：70-80.

［16］丁纯，纪昊楠.中欧关系70年：成就、挑战与展望［J］.世界经济与政治论坛，2019（6）：134-153.

［17］董翔宇，赵守国，王忠民.从人口红利到人力资本红利——基于新经济生产方式的考量［J］.云南财经大学学报，2020，36（2）：3-11.

［18］董小君，郭晓婧.美日欧数字贸易发展的演变趋势及中国应对策略［J］.国际贸易，2021（3）：27-35.

［19］杜艳，操方舟，周茂.人力资本扩张与企业扩大进口——兼论"优进优出"高水平对外开放新格局构建［J］.世界经济文汇，2023（6）：37-57.

［20］都阳，封永刚.人口快速老龄化对经济增长的冲击［J］.经济研究，2021，56（2）：71-88.

［21］方森辉，毛其淋.高校扩招、人力资本与企业出口质量［J］.中国工业经济，2021（11）：97-115.

［22］冯伟，浦正宁，徐康宁.中国吸引外资的劳动力优势是否可以持续［J］.国际贸易问题，2015（11）：132-143.

［23］付鑫，姜照.美国服务贸易开放新进展及启示［J］.亚太经济，2022（6）：61-66.

［24］葛飞秀，吴金铭.中国与欧盟贸易发展的现实特征、制约因素与突破

[J].北方经贸,2023(8):33-38.

[25] 龚雄军,崔琴,邱毅.我国劳动密集型产品出口竞争力分析与政策建议[J].国际贸易,2021(2):55-63,71.

[26] 古柳.人口结构变化能否形成攀升价值链动力源——基于全球价值链布局的视角[J].国际贸易问题,2020(10):97-111.

[27] 国家工业信息安全发展研究中心.2020年我国数字贸易发展报告[R].北京:国家工业信息安全发展研究中心,2020.

[28] 海关总署.海关总署2019年全年进出口情况新闻发布会[EB/OL].(2020-01-14)[2024-06-10].

[29] 海关总署.海关总署2023年全年进出口情况新闻发布会[EB/OL].(2024-01-12)[2024-06-10].

[30] 海闻,林德特,王新奎.国际贸易[M].上海:上海人民出版社,2003.

[31] 韩剑,王璐,刘瑞喜.区域贸易协定的环境保护条款与外贸绿色发展转型[J].厦门大学学报(哲学社会科学版),2022,73(4):42-56.

[32] 韩民春,袁瀚坤.以服务业开放提升我国企业国际竞争力:理论逻辑与政策方向[J].国际贸易,2021(10):47-56.

[33] 贺唯唯,张亚斌.二元结构、人力资本转化与企业出口产品质量[J].经济科学,2020(5):45-58.

[34] 胡贝贝,靳玉英.限制性贸易壁垒对企业出口产品范围的影响效应研究[J].财贸经济,2020,41(9):146-161.

[35] 黄群慧,杨虎涛.中国制造业比重"内外差"现象及其"去工业化"涵义[J].中国工业经济,2022(3):20-37.

[36] 蒋灵多,陆毅,张国峰.自由贸易试验区建设与中国出口行为[J].中国工业经济,2021(8):75-93.

[37] 金仁淑,赵敏.中美贸易摩擦对中日产业链重构的影响研究[J].国际贸易,2022(9):60-70.

[38] 蓝庆新,窦凯.美欧日数字贸易的内涵演变、发展趋势及中国策略[J].国际贸易,2019(6):48-54.

［39］李大伟，王宛. 深化中韩产业合作的重点方向和建议［J］. 宏观经济管理，2022（12）：83-90.

［40］李宁，成璐，付子茵. 英国脱欧之后所造成的政治经济新问题［J］. 上海市经济管理干部学院学报，2022，20（3）：32-37.

［41］李建伟. 我国劳动力供求格局、技术进步与经济潜在增长率［J］. 管理世界，2020，36（4）：96-113.

［42］李磊，王小霞，蒋殿春，等. 中国最低工资上升是否导致了外资撤离［J］. 世界经济，2019，42（8）：97-120.

［43］李青，韩永辉，张双钰. 德国政府经济角色转变的表现特征、动因分析和对中德关系的影响——以《德国工业战略2030》为线索［J］. 东方论坛，2022（3）：70-86，157.

［44］李晓依，许英明，肖新艳，等. 绿色贸易发展：国际格局、中国趋势和未来方向［J］. 国际贸易，2023（4）：40-50.

［45］刘建江. 特朗普政府发动对华贸易战的三维成因［J］. 武汉大学学报（哲学社会科学版），2018，71（5）：82-90.

［46］刘明礼，刘兰芬. 试析"脱欧"进程对英国经济的影响［J］. 经济研究参考，2020（17）：34-46.

［47］刘晓宁，陈晓倩. 中韩经贸合作30年：特征事实、机遇挑战与策略选择［J］. 国际贸易，2022（12）：12-22.

［48］刘智勇，李海峥，胡永远，等. 人力资本结构高级化与经济增长——兼论东中西部地区差距的形成和缩小［J］. 经济研究，2018，53（3）：50-63.

［49］隆国强. 充分发挥自贸试验区作用，助力加快构建新发展格局［J］. 中国发展观察，2021（Z2）：7-10.

［50］隆国强. 中国入世十周年：新的起点［J］. 国际经济评论，2011（4）：103-113，5.

［51］龙永图. 从"与狼共舞"到"与龙共舞"［J］. 中国经贸，2011（5）：18-21.

［52］卢锋，李双双. 美国对华经贸政策转变与两国贸易战风险上升［J］. 国

际经济评论，2018（3）：64-86,6.

［53］陆婷，徐奇渊.绿色贸易壁垒与企业绿色技术：倒逼作用还是陷阱效应［J］.财贸经济，2023,44（12）：140-157.

［54］马述忠，房超.跨境电商与中国出口新增长——基于信息成本和规模经济的双重视角［J］.经济研究，2021,56（6）：159-176.

［55］毛其淋，盛斌.劳动力成本对中国加工贸易规模及转型升级的影响［J］.金融研究，2021（10）：59-77.

［56］潘怡辰，袁波，王蕊.RCEP背景下印度对中国贸易逆差及合作潜力［J］.亚太经济，2021（3）：74-85.

［57］裴长洪.我国设立自由贸易试验区十周年：基本经验和提升战略［J］.财贸经济，2023,44（7）：5-21.

［58］裴长洪，刘斌.中国对外贸易的动能转换与国际竞争新优势的形成［J］.经济研究，2019,54（5）：4-15.

［59］彭虹，张祖娟."一带一路"倡议下中国与新加坡贸易竞争性与互补性实证分析［J］.中国石油大学学报（社会科学版），2021,37（6）：79-87.

［60］钱诚."中国制造"还具有劳动力成本比较优势吗？——基于动态评价模型的国际比较［J］.经济纵横，2020（4）：77-88.

［61］覃丽芳."融入国际经济"战略：越南经济发展的回顾、现状与前景［J］.东南亚纵横，2021（6）：22-33.

［62］全毅，张婷玉.中国自由贸易试验区转型升级方向与发展路径［J］.经济学家，2021（10）：100-109.

［63］商务部国际贸易经济合作研究院.中国自由贸易试验区十周年发展报告（2013—2023）［R］.北京：商务部国际贸易经济合作研究院，2023.

［64］商务部国际贸易经济合作研究院课题组，李俊.中国对外经贸70年：历程、贡献与经验［J］.国际贸易，2019（9）：15-24.

［65］邵敏，武鹏.出口贸易、人力资本与农民工的就业稳定性——兼议我国产业和贸易的升级［J］.管理世界，2019,35（3）：99-113.

[66] 沈玉良，彭羽，高疆，等. 是数字贸易规则，还是数字经济规则？——新一代贸易规则的中国取向［J］. 管理世界，2022，38（8）：67-83.

[67] 盛斌. 中国自由贸易试验区的评估与展望［J］. 国际贸易，2017（6）：7-13.

[68] 施锦芳，李博文. 基于RCEP推动中日经贸合作的新思考［J］. 现代日本经济，2021（3）：13-22.

[69] 石璐萍，陈学刚. "一带一路"背景下中国与新加坡商品贸易竞争性和互补性分析［J］. 对外经贸实务，2023（9）：37-46.

[70] 舒圣祥. "刘易斯拐点"：是挑战更是契机［J］. 经济研究参考，2007（42）：30-31.

[71] 孙凯. 我国区域经济发展比较分析［M］. 北京：中国经济出版社，2015.

[72] 孙忆. 中国自贸区战略的历史演进与实践转向——基于国家实力与国际压力共同影响的分析［J］. 国际经贸探索，2023，39（7）：86-102.

[73] 苏杭. 中美贸易摩擦对日本制造业发展与转型的影响及应对［J］. 现代日本经济，2020，39（4）：24-33.

[74] 太平，李姣. 中国服务业高水平对外开放的困境与突破［J］. 国际贸易，2022（6）：13-19，61.

[75] 太平，钊阳. 中国扩大服务业对外开放的行业顺序选择［J］. 亚太经济，2022（2）：111-119.

[76] 铁瑛，张明志，陈榕景. 人口结构转型、人口红利演进与出口增长——来自中国城市层面的经验证据［J］. 经济研究，2019，54（5）：164-180.

[77] 王领，刘瑞青. "一带一路"背景下中国与新加坡贸易关系及影响因素［J］. 沈阳工业大学学报（社会科学版），2021，14（5）：408-414.

[78] 王蕊，潘怡辰，朱思翘. 印度对华经济脱钩的动因及影响［J］. 国际贸易，2020（10）：12-18，42.

[79] 魏后凯，王颂吉. 中国"过度去工业化"现象剖析与理论反思［J］. 中

国工业经济, 2019（1）: 5-22.

［80］温军, 刘红, 张森. 数字贸易对国际贸易壁垒的消解、重构及中国应对［J］. 国际贸易, 2023（2）: 64-71.

［81］武力超, 林澜, 陈凤兰, 等. 服务贸易开放对服务企业出口的影响研究［J］. 国际经贸探索, 2020, 36（11）: 20-34.

［82］颜色, 郭凯明, 杭静. 中国人口红利与产业结构转型［J］. 管理世界, 2022, 38（4）: 15-33.

［83］杨成玉. 欧盟绿色复苏对中欧经贸关系的影响［J］. 国际贸易, 2020（9）: 54-60.

［84］杨盼盼, 徐奇渊, 张子旭. 中美经贸摩擦背景下越南的角色——中国对越南出口的分析视角［J］. 当代亚太, 2022（4）: 134-164, 168.

［85］殷纾. 数字经济推动下江苏省外贸企业转型升级的对策研究［J］. 对外经贸实务, 2023（11）: 83-88.

［86］余永定. 中美贸易战的深层根源及未来走向［J］. 财经问题研究, 2019（8）: 3-12.

［87］袁春生. 保革政治和解与国家发展道路转型——泰国2023年回顾与2024年展望［J］. 东南亚纵横, 2024（1）: 9-30.

［88］岳云嵩, 李柔. 数字服务贸易国际竞争力比较及对我国启示［J］. 中国流通经济, 2020, 34（4）: 12-20.

［89］占丽. 人口结构转型能否重塑攀升价值链新动力?［J］. 世界经济研究, 2019（2）: 61-73, 136.

［90］张冠华. 台湾地区产业结构逆向调整的成因与影响［J］. 闽台关系研究, 2023（4）: 70-82.

［91］张磊, 陈晨. "携手前进"与推动绿色、数字经济发展——新加坡2023年回顾与2024年展望［J］. 东南亚纵横, 2024（1）: 31-45.

［92］张礼卿, 汪俊波, 孙瑾. 自由贸易协定环境条款对污染型行业出口的影响——基于中国微观企业的经验研究［J］. 国际贸易问题, 2023（12）: 38-54.

［93］张鹏杨, 刘维刚, 唐宜红. 贸易摩擦下企业出口韧性提升: 数字化转

型的作用［J］. 中国工业经济, 2023（5）: 155-173.

［94］张琼, 赵若锦, 李俊. 中日服务贸易: 现状、问题、机遇和对策［J］. 国际经贸探索, 2021, 37（3）: 4-15.

［95］张帅. 产业升级、区域生产网络与中国制造业向东南亚的转移［J］. 东南亚研究, 2021（3）: 114-135, 157.

［96］张煜晖. 人口结构、有效劳动力供给与产业结构升级［J］. 经济界, 2023（1）: 57-63.

［97］张悦, 李静. 中印服务贸易竞争力比较及对我国的启示［J］. 经济体制改革, 2017（4）: 156-161.

［98］张正怡. 数字贸易规制构建及中国的因应［J］. 江淮论坛, 2022（1）: 131-139.

［99］张正怡, 蔡思柳. 数字贸易规则的演进路径及因应［J］. 岭南学刊, 2022（5）: 92-99.

［100］赵柯, 李刚. 欧盟产业结构变化对中欧经贸关系的影响［J］. 国际贸易, 2020（4）: 72-79.

［101］赵晟. "民工荒" 的人口变量因素［J］. 农村 农业 农民（B版）（三农中国）, 2005（2）: 46.

［102］郑绪涛, 郭红. 绿色贸易壁垒对我国农产品出口影响的实证研究［J］. 当代经济, 2023, 40（9）: 69-75.

［103］The International Monetary Fund, the Organization for Economic Co-operation and Development, the United Nations, and the World Trade Organization. Handbook on Measuring Digital Trade［M］. Washington: IMF, 2023.

［104］United Nations Conference on Trade and Development. Trade and Development Report, 2002［R］. Geneva: UNCTAD, 2002.

［105］World Trade Organization. History of the Multilateral Trading System［EB/OL］.［2024-01-06］.

后 记

我们从 2023 年春开始准备这本书的写作，11 月开始动笔，2024 年 8 月底交稿。在近一年里，几乎将上班以外的所有时间都用于这本书的写作。

经济学学科的学生一般都知道一句话：对于一个经济问题，10 个经济学家有 11 种互不相同的看法，其中凯恩斯先生有 2 种看法。对于书中涉及的一些国际贸易问题，人们有不同的看法，其中有些问题争议很大，我们不敢保证我们的看法不犯错误。

在写本书之前，我们分别撰写、参编了多部专著、教材，已有一定的写作经验，但是在本书的写作过程中，我们还是感到自己的写作水平有待提高。

当前中国经济存在一些困难，作为经济学人，我们期盼中国经济能够沿着 1978 年改革开放、2001 年加入 WTO 以来的道路克服困难，继续前进，期盼中国人民的生活水平不断提高。

宋小娜　孙　凯
2024 年 10 月